中国世界文化遗产保护与管理路径探析

闫俊　著

吉林大学出版社

·长春·

图书在版编目（CIP）数据

中国世界文化遗产保护与管理路径探析 / 闫俊著. --
长春：吉林大学出版社，2020.6
ISBN 978-7-5692-6655-9

Ⅰ．①中… Ⅱ．①闫… Ⅲ．①文化遗产－保护－研究
－中国 Ⅳ．①K203

中国版本图书馆 CIP 数据核字(2020)第 109691 号

书　　名：中国世界文化遗产保护与管理路径探析
ZHONGGUO SHIJIE WENHUA YICHAN BAOHU YU GUANLI LUJING TANXI

作　　者：闫　俊　著
策划编辑：吴亚杰　　　　　　　　责任编辑：吴亚杰
责任校对：张文涛　　　　　　　　装帧设计：谭婷内
出版发行：吉林大学出版社
社　　址：长春市人民大街 4059 号　　　邮政编码：130021
发行电话：0431-89580028/29/21
网　　址：http://www.jlup.com.cn
电子邮箱：jdcbs@jlu.edu.cn
印　　刷：长春第二新华印刷有限责任公司
开　　本：787mm×1092mm　　　　　1/16
印　　张：11.25
字　　数：200 千字
版　　次：2020 年 6 月第 1 版
印　　次：2020 年 6 月第 1 次
书　　号：ISBN 978-7-5692-6655-9
定　　价：78.00 元

前　言

　　世界文化遗产,是一项由联合国发起、联合国教育科学文化组织负责执行的国际公约建制,以保存对全世界人类都具有杰出普遍性价值的自然或文化处所为目的。世界文化遗产是文化保护与传承的最高级别,世界文化遗产属于世界遗产范畴。世界遗产分为世界文化遗产、世界文化与自然双重遗产、世界自然遗产三类。国际文化纪念物与历史场所委员会等非政府组织,参与世界遗产的甄选、管理与保护工作。

　　鉴于此,本书以"中国世界文化遗产保护与管理路径探析"为题,在内容编排上共设置七章。第一章着眼于世界文化遗产及其保护管理的基本理论,诠释世界遗产基础知识、中国世界文化遗产发展历程、世界文化遗产保护管理、中国世界文化遗产保护管理现状与问题;第二章是世界文化遗产申报政策与方略,内容涉及世界文化遗产申报政策、中国世界文化遗产预备名单与"申遗热"冷思考、中国世界文化遗产申报方略的完善;第三章分析世界文化遗产的管理与提升路径,内容包括宏观管理、微观运行、管理效能提升路径;第四章通过对保护规划与工程、环境整治与保护理念的重构、世界文化遗产监测机制、中国世界文化遗产监测实践与监测能力提升路径的解读,诠释世界文化遗产的保护与监测;第五章是世界文化遗产保护法律体系,内容涵盖世界文化遗产国际法、外国相关世界文化遗产法、中国世界文化遗产法律体例、中国世界文化遗产保护管理研究;第六章基于世界文化遗产展示利用的视角,论述世界文化遗产旅游、利益博弈与遗产产权、社区参与、世界文化遗产利用通道的拓展路径;第七章突出实践性,分别从英国爱丁堡世界文化遗产保护与管理、平遥古城世界文化遗产保护与管理、登封"天地之中"历史建筑群世界文化遗产保护与管理三个方面来探讨世界文化遗产保护管理实践。

　　本书结构合理,内容清晰,初步构建了中国世界文化遗产的框架与内容,注重中国世界文化遗产的保护与管理路径。同时,理论与实践的有机结合,有利于人们了解中国世界文化遗产。

　　笔者在撰写本书的过程中,得到了许多专家学者的帮助和指导,在此表示诚挚的谢意。由于笔者水平有限,加之时间仓促,书中所涉及的内容难免有疏漏之处,希望各位读者多提宝贵意见,以便笔者进一步修改,使之更加完善。

作者
2019 年 12 月

目　录

第一章

世界文化遗产及其保护管理理论

　　世界文化遗产包括文物、建筑群和遗址三个组成部分，体现着人类的杰出创造，是人类文明的历史见证。本章主要围绕世界遗产、中国世界文化遗产发展历程、世界文化遗产保护管理研究、中国世界文化遗产保护管理现状与问题展开论述。

第一节　世界遗产概述

一、世界遗产的概念与标准

（一）世界遗产的概念

世界遗产的概念有广义和狭义之分。广义的世界遗产除世界文化与自然遗产外还包括人类非物质文化遗产（human intangible cultural heritage），狭义的世界遗产即世界文化与自然遗产（the world cultural and natural heritage）。

"文化遗产"可分为：①文物：建筑、镌刻及画作，具备考古意义的物件或构造、碑文、洞穴以及多种景观的综合体，其在历史、科学或艺术等方面有突出、普遍价值；②建筑群：单独或集体的建筑群，因其风格样式、地质特性，或在景观中的地位，或在历史、科学或艺术等方面有突出、普遍价值；③遗址：人造工程、人与自然共同作用的工程或考古遗址，其在人种、历史、审美学等方面有突出、普遍价值的。

"自然遗产"可分为：①自然面貌：组成元素为生物、地质结构或结构群，其在科学、审美等方面有突出、普遍价值；②地貌和地域：自然、地质结构及被认定的濒危动植物生态区，其在科学、保护等方面有突出、普遍价值；③自然区域或名胜：自然名胜或被认定的自然区域，其在自然美、保护或科学等方面有突出、普遍价值。

世界文化和自然遗产是经联合国教科文组织世界遗产委员会审批后被列入《世界遗产名录》的自然景观或文物古迹，这些遗产项目是稀有的且被全世界公认具有突出、普遍价值。

人类非物质文化遗产是指经联合国教科文组织评选确定而列入《人类非物质文化遗产名录》的遗产项目，它们是被个人、群体或社区等公认的作为文化遗产的组成部分，具体包括知识、技能、实物、观念表述、表现形式、手工艺品、实践活动和文化场所等。

我国一般是在狭义上使用"世界遗产"一词，有时也在广义上将"世界遗产"作为世界物质类和非物质类遗产的总称来使用。然而，这种用法常带来混乱。为避免此问题并适应世界遗产保护的发展要求，以下主要在广义上使用"世界遗产"一词，即将"世界遗产"作为世界文化与自然遗产和人类非物质文化遗产的统称来使用。

（二）世界遗产的标准

1. 世界文化与自然遗产的标准

甄选世界文化和自然遗产的标准就是真实性与完整性。世界文化和自然遗产出现的目的在于呼吁人类珍惜、保护、拯救和重视这些地球上独特的景点。世界文化和自然遗产不只是一种荣誉，更是对遗产保护的郑重承诺。世界文化与自然遗产的标准有以下四点：

被提名的自然遗产项目至少符合下列四项标准中的一项，才能被列入《世界遗产名录》：第一，组成能对地球进化史的重要时期进行解释和说明的代表性事例；第二，组成能对正在发生的地质大循环、生物小循环及人与自然互动作用的代表性事例；第三，稀少、特殊的自然现象、地质地貌及自然地带；第四，仍有濒临灭绝或罕见珍稀动植物的生存区。

（1）文化遗产。被提名的文化遗产项目只有符合下列标准中的一项或几项，才能被列入《世界遗产名录》：第一，代表特殊的艺术造诣或独创的艺术佳作；第二，在一定时间或空间范围内，对房屋、纪念物及景观的设计、规划和建设等产生过重大影响；第三，能为某种不复存在的文明或文化提供其曾经存在的例证；第四，作为杰出的建筑或景观，能够表现出人类史上的某个关键时期；第五，代表某些文化下的人类聚居或使用地的典范，特别是因不可抗因素而不得不设法消除危机的场合；第六，和某些具有普遍价值的事件、传统、信仰、理念或文艺作品有直接或本质的连结（单独具备此标准的项目一般不能列入《世界遗产名录》，需要和其他标准同时具备才具有可能性）。

（2）双重遗产也可译为文化遗产与自然遗产混合体（mixed cultural and natural heritage），是同时具备文化遗产和自然遗产两种条件的项目。

（3）文化景观及其他。文化景观（cultural landscapes）的认定应根据其自身的突出、普遍价值，其所特定的地理、文化范围的独特性以及表达该类特定范围具备的一般或特殊的文化要素的效力。它一般表现为长久的土地利用的高新技术及维持或提升景观的自有价值，对文化景观实施保护有利于维持生物多样性。文化景观分为三类：

第一，体现人的主观能动性的景观。例如公园与园林，此类景观的设计和建设多源于人类对美的追求，它们通常和具有纪念意义的建筑或建筑群存在密切联系。

第二，有机进化的景观。它产生于最简单的社会、经济或行政需求，经联系并适应周围的自然环境而转变到现在的形式。有机化的景观也可细分为两类：①残遗物（或化石）景观，象征着一个已经结束的进化过程，它可能是偶然式的也可能是递进式的。由于这些物质仍可以体现出进化过程的特点，所以它们具有突出、普遍的价值。②持续性景观，是一种不断进行自身演变的景观，并且可以作为演变过程的证据，这种持续的演变在社会发展过程中起到了积极作用。

第三，关联性文化景观。与其他两类文化景观的物证特征不同，关联性文化景观被列入《世界遗产名录》的主要理由是其与自然、艺术及文化等因素的强烈联系为主。

此外，世界遗产委员会可以对《世界遗产名录》中受到较大威胁的自然景观或文化遗址进行考察、评议，并列入《濒危世界遗产名录》中，表示其亟待被保护和救援。

2. 人类非物质文化遗产的标准

甄选人类非物质文化遗产代表作的标准是真实性、完整性、文化多样性和人类的创造性。凡属于使人与人之间的关系更加密切以及人与人之间进行交流和了解的要素均可列入，包括：口头叙述与表达（含非物质文化遗产的媒介，即语言），风俗礼仪，演艺才能，自然和宇宙的相关知识与实践活动及传统手工艺。

二、世界遗产的分类与特点

（一）世界遗产的分类

1. 世界遗产的一般分类

世界遗产主要有两大类，分别为世界文化与自然遗产和人类非物质文化遗产。

（1）世界文化与自然遗产的一般分类为：①世界文化遗产；②世界自然遗产；③双重遗产；④文化景观。

（2）人类非物质文化遗产的一般分类为：①口头叙述与表达（含非物质文化遗产的媒介，即语言）；②演艺才能；③风俗礼仪；④自然和宇宙的相关知识与实践活动；⑤传统手工艺。

2. 世界遗产的另一种分类

世界遗产还有另外一种分类，即将世界遗产分为五种类型：文化遗产、自然遗产、文化与自然双重遗产、文化景观遗产、其他形式世界遗产等。

其中，其他形式世界遗产包括：线性遗产、世界记忆遗产、世界农业遗产、世界湿地遗产以及现代遗产等五种类型。以下主要围绕其他形式的世界遗产展开论述。

（1）线性遗产。线性遗产是指在拥有特殊文化资源集合的线形或带状区域内的物质和非物质的文化遗产族群，运河、道路以及铁路线等都是重要的表现形式。世界线性遗产主要有：塞默林铁路（奥地利）、大吉岭喜马拉雅铁路（印度）和大运河（中国）。另外，中国的线性遗产（尚未列入《世界遗产名录》）的主要有：徽商兴起路线与长征。

（2）世界记忆遗产。世界记忆遗产也叫世界档案遗产或世界记忆，是一个文献保护项目，目的是采用国际合作的方式和先进技术方法对所有正在损坏、老化、消失的文献记录进行抢救，而提升人类记忆的完整度。世界文化遗产的关注对象主要是建筑物或遗址，它们通常具有历史、考古、科学等方面的研究意义，而世界记忆遗产的关注对象是具有世界意义的文献记录。可见，世界记忆遗产是世界遗产项目的延伸。目前，我国已有四份文献古籍列入《世界记忆遗产名录》，纳西东巴古籍文献是其中之一。

（3）世界农业遗产。世界农业遗产项目是由联合国粮农组织、联合国开发计划署和全球环境基金共同开启设立的。根据粮农组织的界定，世界农业遗产是世界文化遗产的组成部分，两者在概念层面等同，世界农业遗产保护项目的保护对象是受到严重威胁的农业文化与技术。世界农业文化遗产既是特殊的景观，又具有重要意义和作用，主要表现在维护全球的农业生物多样性，修复受损的生态系统以及传播富有意义的传统活动和知识。

（4）世界湿地遗产。湿地国际联盟组织研究将国际湿地划入世界遗产保护的内容里，目前，中国的青海湖、泸沽湖、洞庭湖等湿地即将进行申请湿地世界遗产项目的评估。

（5）现代遗产。现代遗产是世界遗产的重要组成部分，它们被称为"人类献给未来的礼物"。

（二）世界遗产的特点

（1）世界文化和自然遗产的特点。世界文化和自然遗产是特定时期的重要例证经漫长的传承和演变而被保留下来，具有独特性、稀有性、不可替代性与再造性等特点。

（2）人类非物质文化遗产的特点。人类非物质文化遗产是以民族的生产生活方式为依托，充分灵活地表现出民族个性和审美习惯。具有多样性、共享性、传承性及脆弱性等特点。

第二节　中国世界文化遗产发展历程

一、中国世界文化遗产的起步期

1982年11月16日在巴黎通过的《保护世界文化和自然遗产公约》，为中国开展世界文化遗产工作奠定了国际法适用基础，自此中国正式成为世界遗产大家庭的成员①。

1987年12月11日，第十一届世界遗产委员会会议（法国巴黎）将中国第一批6项遗产即长城、明清皇宫、莫高窟、秦始皇陵、周口店北京人遗址、泰山列入《世界遗产名录》，成功开启了中国世界遗产的申报之旅。泰山最初是作为自然遗产被列入《世界遗产名录》的，因其深厚的文化内涵被重新考察评估并于1988年被列为全球第一项世界文化和自然遗产。可以说，中国刚刚踏上申报世界遗产的全新征途，就贡献了一个魅力非凡的东方遗产，申报世界遗产实现历史性突破。

1990年，黄山被列入《世界遗产名录》。申报初期，中国政府初步确立了28项世界遗产申报预备名单。中国泰山世界遗产申报文本被评为发展中国家最出色的申报文本，黄山世界遗产申报文本获得了安徽省科技进步一等奖，初步夯实遗产申报的技术基础。1988年，中国国家文物局、敦煌研究院先后与美国和日本两国均签订了保护莫高窟国际合作项目协议，正式开启了遗产保护的国际合作模式。1990年，中国和世界遗产中心共同举办的壁画保护研讨班在泰山开班并圆满完成各项议程。中国由此开启了关于遗产申报和保护的国际间的合作与交流。

二、中国世界文化遗产的发展期

中国开始向世界遗产大国迈进，世界遗产申报数量的增长较快，发展势头较好，这一时期共计完成20项申报项目和2个扩展项目，初步奠定中国在世界遗产领域的地位，充分展现了中华文明古国的遗产资源宝库和保护管理实力。1996年，庐山作为中国第一个世界文化景观项目被列入《世界遗产名录》，中国实现了世界遗产类型的全覆盖。

遗产旅游效应得到初步显现，除老牌旅游胜地外，由于各类媒体对于申遗成功的世界遗产进行了广泛宣传，迅速吸引了大量国内外游客的目光，很快便成为新的旅游胜地。游客接待量直线上升，形成遗产申报的示范效应。1994年，承德避暑山庄及周围寺庙申遗成功的次年，游客人数增长15%。1997年，平遥古城申遗成功，其游客接待人数、门票收入分别从5万人次、125万元锐升到2000年的16.3万人次、780万元。1997年丽江申遗成功，2000年其接待游客人数和

①　张国超，李静雨．我国世界文化遗产地可持续发展优化路径研究［J］．湖北民族学院学报（哲学社会科学版），2018，36（4）：100-107.

综合收入均实现新高，分别为 258 人次和 13.44 亿元，丽江的 GDP 中几乎有一半来自第三产业，而第三产业恰以旅游业为主。遗产旅游热带来的高额效益促进了遗产申报的积极性，各地纷纷由原来上级要求的被动申报变为相互竞争的主动申报。

1998 年 5 月 25 日，在人民大会堂举办了"世界遗产证书""中国世界遗产标牌"的颁发仪式。1998 年 12 月 28 日，中国第一个世界遗产研究机构——北京大学世界遗产研究中心成立。2000 年 5 月 23 日，中国联合国教科文组织全国委员会、建设部、国家文物局在苏州共同举办了首次中国世界遗产地工作会议。

中国国家文物局与世界遗产中心于 1992 年、1994 年、1995 年、1997 年连续举办了中国石窟遗址管理、古建筑理论、木结构保护技术和世界遗产保护管理培训班，逐步引进和推广世界遗产保护理念、手段与技术。

三、中国世界文化遗产的提升期

21 世纪以来，在世界遗产申报名额限制、申报条件和保护要求日益严格的新形势下，中国世界文化遗产工作调整策略，由注重数量增长转变为数量增长和质量提升并重，遗产类型不断丰富，保护理念不断完善，法制建设不断加强，国际交流合作不断拓展，各项工作全面推进。

2001—2015 年，中国世界遗产的增长数字为 21 项申报项目和 6 项扩展项目，申遗项目连获成功。中国世界遗产总数跃居世界第二，基本奠定了世界遗产大国的地位。2004—2015 年，中国连续 12 年成功申报世界文化遗产，涉及文化景观、历史城区、乡土建筑、考古遗址、历史建筑群等多种类型，分布于 21 个省（市、自治区）和澳门特别行政区；其中 5 个省和澳门特别行政区实现了世界文化遗产零的突破，促进了中国世界文化遗产在类型和地域上的代表性和平衡性。世界文化遗产申报工作，注重以国际化语言诠释中国的传统宇宙观、价值观和审美观，使东方色彩强烈的文化元素在长期以西方文化语境为主流的国际组织中，赢得了理解和尊重。2014 年 6 月 22 日，中哈吉三个国家共同申报的文化线路项目"丝绸之路：长安—天山廊道路网"申遗成功，成为首个国际合作完成申遗的成功案例。

在中央财政专项资金的支持下，故宫太和殿、山海关长城、布达拉宫等重点文物保护工程和都江堰等震灾后文物抢救项目圆满竣工。根据中华人民共和国国务院批准的《2005—2014 年长城保护工程总体工作方案》，长城保护工程顺利启动。承德避暑山庄及周围寺庙、嘉峪关文化遗产保护工程和"平安故宫"工程全面铺开。大足石刻千手观音造像、高句丽壁画等抢救修复工程取得突破。2/3以上的世界文化遗产地启动了保护规划编制和修订工作，澳门特别行政区历史城区保护规划编制工作有效推进。①

管理机制得到了持续创新：第一，世界文化遗产保护管理机构得到健全。2002年，国家文物局增设世界遗产处；第二，完善世界文化遗产申报、保护、管理的协作机制；第三，夯实公共财政保障条件。

推动发展、惠及民生作用日益凸显：第一，世界文化遗产公共服务水平有所提高；第二，世界文化遗产逐步成为旅游业和文化产业发展的重要资源，逐步成为遗产地经济社会发展的推动力和增长点；第三，世界文化遗产保护、环境整治工程实施及相关产业发展，扩大了就业机会，改善了社区居住环境，提升了居民生活水平。

国际合作走向逐渐深入：第一，中国与世界遗产国际组织的合作更趋密切；第二，国家文物局多次举办高规格的国际研讨会，阐释中国世界文化遗产的保护理念和申报项目的突出普遍价值，形成了关于东亚地区文物建筑和彩画保护的一系列具有重要影响力的国际文件，提升了中国在国际遗产保护领域中的影响力和话语权；第三，智力合作继续推进。

第三节　世界文化遗产保护管理研究综述

从19世纪晚期成立的第一个古建筑保护协会（Society for the Protection of Ancient Buildings，SPAB）开始，至20世纪70年代文化遗产可适性再利用（Adaptive Reuse）理念的提出，人类对历史遗产价值的认识日益深刻，遗产保护的领域日益扩大，而《保护世界文化和自然遗产公约》更是成为国际遗产保护领

---

① 刘贵富. 中国高句丽世界文化遗产地旅游的可持续发展研究 [J] . 学术交流，2004，（10）：132 –135.

域的基石性文件，全球性遗产保护的理论与实践由此展开。由于世界文化遗产课题自身的复杂性与多学科性特征，这方面的研究也不断呈现出多领域交叉的发展趋势。主要包括以下三个方面：

（1）遗产保护与规划理论。遗产地规划一般会对不同的部门和民间组织产生不同的影响，所以通常是由它们共同进行协商，同时各行业的专家分析研究因保护和开发产生的双重影响、优势和弊端、冲突和矛盾，以寻求最优的规划形式，主要包括保护、修缮、更新、重建等。从发展遗产旅游的角度看，系统规划是最适合的规划方法，特别是完善解说系统的规划，可以有效开发遗产的独特优势。

（2）战略管理理论。较有代表性的著作是费尔登的《世界文化遗产地管理指南》，涉及世界遗产地的管理条例、资源项目管理、历史城镇规划等方面，主要从遗址和游客两个主体进行分析，对于遗产的维护和解说、游客的接待和引导以及协调两者关系等方面均具有指导意义。

（3）遗产旅游开发和环境保护的可持续性研究。例如，世界遗产中心出版的《世界遗产地的旅游管理》一书，分析了旅游可能带来的环境影响、游客利用的共同影响，以及给遗产地社区经济与文化所带来的负面影响，并提供了针对世界遗产地不同问题的实用性解决方法。欧洲旅游与休闲教育协会（European Association for Tourism and Leisure Education，ATLAS）对欧盟 26 个文化遗产地的旅游者做了调查研究。

国内的世界遗产保护管理起步较晚，此领域的学术研究与理论探索也远远落后于具体实践。虽然截止到 2019 年 7 月，中国已拥有 55 处世界遗产，荣登世界第一大遗产国，但是从地域范围来看，遗产地分布不平均，主要集中在中原与东部地区，且并非每一个省市或自治区都拥有遗产项目。

国内世界文化遗产的保护管理逐渐得到自上而下的关注和重视。目前，相关的法规体系已成雏形：以国家统一制定的法律法规为统领，各遗产地因地制宜，结合自身特点和遗产保护需求制定地方性法规和政府规章，构成保护和管理法规体系的落脚点和抓手。它们在很大程度上都对我国世界遗产乃至国家级、省地级遗产的保护与利用产生重要的宏观指导意义。

在中国世界遗产的本体保护操作层面，先后修缮和保护了西藏布达拉宫历史建筑群、平遥古城城墙、大足石刻千手观音造像等文化遗产，取得了很好的效果。具体内容包括：健全机制、统筹协调；加大投入、提升效益；创新模式、转化成果；培养人才、扩大交流；跟随需求、动态调整。

随着世界遗产的意义与价值在中国社会的影响不断扩大，学术领域有关世界遗产的研究也在持续深入，当前已有的一些研究成果主要涉及六点：第一，对世界遗产概念及其价值、特征、功能的诠释，世界遗产申报的方式与趋势，世界遗产原真性、完整性的原则研究；第二，各国世界文化遗产保护管理案例的研究综述；第三，对我国世界遗产面临问题的探讨及强调"保护第一、保护优先"的原则，并将其作为世界遗产管理的指导方针，再依此制定各种开发建设的决策；第四，我国世界遗产的战略管理模式、监控与监测机制；第五，中国世界遗产的旅游开发与可持续发展；第六，中国世界文化和自然遗产法律、政策等方面。

尽管如此，从总体上看，我国在世界文化遗产基础理论和实践领域的研究还处在起步阶段，目前已有的成果还无法满足作为热点议题的世界文化遗产保护管理在学科理论方法和科学技术层面的要求，亟待通过多学科的综合性研究进行拓展和完善，以总结建构适合中国国情的世界文化遗产保护管理模式。

中国城市化的快速发展时常与文化遗产的保护与发展产生冲突，从而对城市的历史、社会文化等带来负面影响。预防和解决这些矛盾、冲突、不良影响的有效方法就是建立一个综合系统理论，涵盖世界文化遗产、旅游管理、法律法规、城市设计等领域。目前，国内很少有关于世界文化遗产保护和管理的成功案例，所以在研制理论和设计操作方案时，除需要结合多学科开展研究外，还应借鉴外国的经验和做法，这样才有助于全面解释和分析澳门进行世界文化遗产保护和管理实践中出现的问题。

第四节　中国世界文化遗产保护管理现状与问题

一、中国世界文化遗产保护管理现状

联合国教科文组织（UNESCO）签订并通过了保护全人类共同遗产的《保护世界文化和自然遗产公约》，至今已经经历了 47 年的时间。根据截至 2019 年 7 月公布的相关数据，在全球范围内，被正式列入《世界遗产名录》的世界遗产共有 1113 处，其中文化遗产占 861 处，自然遗产占 213 处，文化与自然双重遗产占 39 处。保护世界遗产的意识不断深入人心，可持续发展观念已经在全世界范围内得到普及和推广，作为一项广泛的国际行动，各个国家在进行遗产申报、管理、援救等工作时都应遵循保护遗产的突出、普遍价值这一原则。

然而，由于受到自然灾害、环境污染以及经济发展带来的快速城市化等多种主客观因素的影响，世界文化和自然遗产遭受严重的威胁。而濒危世界遗产的增加、自然遗产与文化遗产比例失衡、频繁的观光活动和过度的旅游开发，以及《保护世界文化和自然遗产公约》与世界遗产委员会在保护、监测、约束力方面的有限性等，也使世界遗产的保护管理面临新的难题和挑战。

中国的世界遗产包括四种：文化遗产、自然遗产、文化与自然双重遗产及文化景观。另外，入选"人类口述和非物质遗产代表作"的中国项目有：昆曲、书法、雕版印刷、剪纸、篆刻、中国桑蚕丝织、中国古琴艺术、中医针灸、京剧、中国皮影戏等。

中国世界文化遗产种类丰富，包括《保护世界文化和自然遗产公约》中规定的文物类、建筑群类、考古遗址类和《实施保护世界文化与自然遗产公约的操作指南》中规定的文化景观、历史城镇等。同时，这些文化遗产分布地域广泛，在平原、山区、沙漠、海岛、高原都有分布。此外，这些遗产时间跨度大，所代表的文化具有多元性，不仅有占据主导性的汉文化，还有极具代表性的少数民族文化。

随着中国世界遗产规模的不断扩大、社会各界对于保护世界遗产重要性意识的不断增强，我国世界遗产的保护管理水平也通过实践工作得到提升。我国始终坚持申遗和保护并重，并于近几年开展了多项申遗项目和保护工程，其中申遗的项目有大运河、丝绸之路等，救助和保护工程包括承德避暑山庄及周围寺庙、大足石刻千手观音像、嘉峪关的文物、高句丽壁画墓等。此外中国世界文化遗产监测、巡视、预警体系的初步构建，这些在不断探索中建立起的世界遗产保护理念、评估登录方法和管理制度，不仅有助于健全和完善我国自然保护区、文化遗产和风景名胜区的保护和管理工作，还对城乡规划、生态环境、历史文化的传承和发扬等发挥着十分积极的作用。

中国在申遗工作中的突出表现不仅提升了世界遗产的社会效益，同时也引发了新的机遇和挑战。由于我国还未建立完善的世界遗产保护管理体系，仍需不断探索和调整，所以在市场经济转型期难免会出现一些对遗产保护和管理的不利因素和难题，尤其要注意遗产研究、保护及管理等方面可能存在的棘手问题。

二、中国世界文化遗产保护管理存在的问题

（一）世界遗产价值观的错位

任何世界遗产的生成都不是一蹴而就的，都要经过长期的演变和发展，所以只有正视保护和发展之间的辩证关系，才能充分保证世界遗产的真实性、完整性和可持续发展。然而，目前在中国许多世界遗产地的保护管理工作中，价值观和思维方式以功利主义为主导。一些地方领导为了通过申报世界遗产来彰显政绩、得到晋升，实现了以个人利益为目的的短期行为，而摒弃了申遗工作应具备的人性化、科学化、生态化本质，从而更不能实现世界遗产的保护和发展。于是，在表现权力、追求商业利益的错误价值观的驱动之下，一些地区往往在申遗方面不遗余力，却缺乏研究和保护，申报成为最终目的，而遗产保护却退居次要地位①。

同时，目前社会各界对世界遗产的保护意识还多停留在遗产地建筑物及其周边环境的具象形态特征层面，而经常忽视保护区内无形的、综合的社会特性的保护。其实，与遗产地本质密切关联的、更为精妙复杂的价值特征，例如社会特性、居民生活模式以及社会结构等恰恰体现了遗产地的价值基础，并对保护遗产地价值的原真性起着重要的作用。

中国历史名城中保存最为完整的古城丽江，于 1997 年 12 月被联合国教科文组织提名为世界遗产地。自此，丽江古城旅游业蓬勃发展，但是旅游业过度开发所引起的遗产地社会特性的深刻转变却没有引起人们足够的重视。丽江的社会调查表明，当地民居被改造为商业用房的比例非常高，历史建筑的使用功能已经明显改变。丽江原住居民大量外迁、当地社会老龄化问题加重、传统民族文化遭受冲击、生态环境发生改变，这些问题共同构成影响丽江古城社会特性的消极因素，使家庭结构、职业构成和社会交往发生显著的变化。尤其是大量的旅游者及外来移民的涌入和公共空间使用功能的变化对正在使用的遗产——本地居民的社会交往产生了巨大的影响，而这些居民正是遗产地文化特性和社会特性的根本载体。

---

① 李如生．中国世界遗产保护的现状、问题与对策［J］．城市规划，2011，（5）：38－44．

（二）世界遗产资源的过度开发与利用

世界遗产的品牌效应以及作为特殊资源所蕴含的价值内涵带动了基础设施建设和特色产业发展，同时也带来了巨大的旅游和经济效益。在世界遗产旅游开发的大背景下，一些遗产地重利用、轻保护，在旅游开发所产生的市场效益的驱动下，片面强调经济发展，极大影响了其历史风貌的真实性和完整性。也有一些遗产地完全忽视生态环境、基础设施和游客承载力等综合因素，导致保护与开发处于失衡状态，个别地方通过人工改造、城镇建设、商业开发等方式对世界文化遗产地进行过度开发，甚至是破坏性开发，不同程度地损害了世界文化遗产的真实性和整体度。

例如，平遥古城于 1997 年由联合国教科文组织正式确定为世界文化遗产之后，每年有 100 多万游客涌入，游客的增多加速了古城的老化，也导致了旅游品质的下降，同时基础设施的不断老化也在考验着古城的管理水平。

平遥古城是中国最后一批有城墙且保存完好的古城之一，至今已有 2700 年的历史。其实，不只平遥古城，泰山景区、武当山古建筑群、张家界武陵源等中国世界遗产，都或多或少地面临着如何更好地平衡保护与利用关系的考验。

（三）世界遗产管理体系仍需完善

与西方发达国家以政府为主导、中央政府文化遗产主管部门实行统一管理的模式相比，我国世界遗产管理主体结构复杂，缺乏国家级的统一保护管理机构，不同政府部门之间存在着衔接和协调问题。区域性、多元化、多层次的管理模式和体制是导致中国世界遗产难以得到有效保护的重要原因。

在国家层面，自然遗产和文化遗产分别归属建设部和文物局两个部门负责。同时，遗产地都有部分领域受到旅游、环保、水利或是林业等部门的管理。中国世界遗产委员会代表中国政府与联合国教科文组织进行世界遗产事项接洽，但是该委员会设在我国的教育部，而教育部对世界遗产并没有管理权。

由于我国的世界遗产分别隶属不同的管理部门，很容易产生各自为政、无法相互配合或协调的问题，使得工作效率很低，有时甚至可能由于管理观念或标准的不同而发生政策方面的冲突。从地方层面讲，国家负责宏观指导，地方政府有关部门负责具体实施世界遗产的管理。而地方性、个人化的错误价值观和行为导致在对遗产地的保护管理过程中出现许多违法违规现象。以上种种问题均反映出社会转型期的中国世界遗产管理体系依然尚不完善，处于调整和摸索阶段。

（四）缺乏有效的世界遗产基本法规

我国现有的世界遗产保护法律体系由不同层级、部门所颁布的一系列法律法规、部门规章、地方性法规和文件架构而成，而在国家层面，却没有出台针对世界遗产保护和管理的统一性专项法律和法规。目前中国文化遗产保护方面的两项基本法律《中华人民共和国文物保护法》和《中华人民共和国非物质文化遗产法》，所针对的立法对象主要为文物（即物质文化遗产）和非物质文化遗产，而非世界文化遗产。

同时，《世界文化遗产保护管理办法》《中国世界文化遗产监测巡视管理办法》《中国世界文化遗产专家咨询管理办法》等部门规章和规范性文件，大多缺乏正式的立法程序和法律责任条款，法律效力不强，因而无法有效地在实际工作中对世界文化遗产进行保护。此外，不同政府部门和层级所颁布的法律法规、规章制度之间还经常存在难以衔接和协调的问题。由于缺乏具有可操作性的世界遗产保护专项法律法规的指导，各行业管理部门在制定相关法律标准时通常各自为政，易从本部门利益出发，从而使现存法律体系对世界遗产的保护力度不足。

（五）世界遗产研究技术较薄弱

受历史、经济、科技水平等因素的影响，我国世界遗产保护管理的研究与国际先进的技术理念之间尚存在一定的差距，而在实际工作过程中所暴露的若干问题也突显出理论研究的薄弱和不足。例如，世界文化遗产地曲阜孔府、孔庙、孔林管理机构与某企业集团合作，因为要开展庆典活动，为了保障活动现场的干净整洁而进行大扫除，擦拭或冲洗使得不少建筑表面遭到破坏。

世界遗产具有唯一性和不可再造性，要对其进行有效的保护管理就需要大力增强国际合作与交流，以科学理论为指导，提高此领域研究的规范性和前沿性，并将其适时应用转化到实际的世界遗产保护管理工作中。

澳门特别行政区历经几百年的中西交融，且在历史变迁中极少发生战乱，具有深厚的文化积淀以及建筑景观特色，其在各个阶段都留下了丰富的历史遗产。由于地处经济发达的珠江三角洲，城市经济社会发展迅速，同时伴随着澳门回归以及一系列新政策的实施，对外联系不断加强，这些均为澳门的持续发展拓展了新的空间和领域。然而，城市化的加速发展从根本上改变了澳门传统的城市发展模式、土地利用、城市空间结构以及形态，由于澳门历史城区属于城镇历史中心类型，是具有现代城市化特征的生活区，人口密度高，游客人数超过城镇总人口50倍，遗产保护与城市建设、基础设施、环境、资源、社会经济生态等方面的各类矛盾与问题也相对较为突出，因此，针对澳门特别行政区展开研究将在中国的世界文化遗产保护管理方面具有一定的代表性与示范作用。

第二章

世界文化遗产申报政策与方略

　　申报世界文化遗产并不能提升遗产价值，文化遗产的价值能够因遗产申报而彰显、传播。本章主要围绕世界文化遗产申报政策、中国世界文化遗产预备名单与"申遗热"冷思考、中国世界文化遗产申报方略的完善展开论述。

第一节　世界文化遗产申报政策

申报世界文化遗产的根本目标是对遗产价值的确认以及共享，以便更积极更有效地保护、传承遗产。申报世界文化遗产是一项有国际法依据、有严格标准、有规范程序的综合性事务。只有经联合国教科文组织世界遗产委员会确认并列入《世界遗产名录》的文化遗产，才能称为世界文化遗产①。

一、世界文化遗产申报的政策文件

世界遗产委员会的核心政策文件是"全球战略"和"战略目标"。这些方向性、指导性的政策文件是构成世界文化遗产申报的工作基础。

（一）全球战略

世界遗产委员会会议通过了关于促进《世界遗产名录》中的遗产分布平衡的"全球战略"，强调推进世界遗产在类型、地域、国家、文化、历史阶段上的代表性、平衡性以及可信性。全球战略旨在明确并填补《世界遗产名录》的主要空白，努力保持《世界遗产名录》中文化遗产和自然遗产的平衡。"全球战略"的关键在于鼓励更多的国家成为《保护世界文化和自然遗产公约》的缔约国，制定世界遗产预备清单和进行世界遗产地提名，尤其是在《世界遗产名录》中没有得到很好体现的遗产类型和地区。"全球战略"肇始是为保护世界文化遗产提出的，随后扩展到世界自然遗产、世界文化和自然遗产。

（二）战略目标

为了顺利推行《保护世界文化和自然遗产公约》，世界遗产委员会采取了一系列措施，并对实施情况进行监督，不断调整和完善，以更好地、有效地应对世

---

① 周慧娟. 申报世界文化遗产档案构成与分类研究［J］. 浙江档案，2018，（6）：66.

界遗产保护面临的各种挑战。世界遗产委员会为了确保《世界遗产名录》"全球战略"的推行，提出了四项战略目标，分别是提高《世界遗产名录》在全球的信誉度（Credibility）；对世界遗产进行保护（Conservation）；加强成员国之间的联系（Communication）；注重能力建设（Capacity Building）；加大宣传力度，让民众更多地认识和了解世界文化遗产的价值，并自觉参与保护工作，促进世界遗产地的可持续发展。

随后世界遗产委员会会议将"4C"战略目标扩展至"5C"（即可信度、有效保护、能力建设、宣传、社区）战略目标，增强社区（Community）在实施《保护世界文化和自然遗产公约》中的作用，进一步强调社区参与，进一步强调社会各界对遗产保护的作用，进一步强调遗产保护的社会性。这种社会性不仅反映了社会参与遗产保护的普遍要求，而且反映了遗产保护本身也是基于文化认同。

二、世界文化遗产申报政策的评估标准及基本原则

（一）世界文化遗产申报政策的评估标准

1. 世界文化遗产的十项标准

世界文化遗产评估主要依据以下十项标准：

（1）是人类精神创造的结晶。

（2）是特定历史时期或某一区域内文化交流的重要成果，影响着建筑、技艺、经济、景观设计的变化发展。

（3）是目前仍然留存的或者已经消失的某种文明或文化的历史见证。

（4）是传统人类的聚居地，体现出古代人民对土地的开发和利用，带有某种文化的印记，是人类与自然和谐共处的典范，而且目前不易保存。

（5）是一种建筑或技艺、景观等，是某一个特定历史阶段的文化体现。

（6）与某些重大历史事件、传统活动、文化文学作品、信仰等有关系。

（7）是天然的自然景观或现象，比较罕见珍贵，具有审美价值。

（8）是地球演变的重要历史证明，记录下地球不同地质、地貌变化过程，具有独特的地质地貌特点。

（9）是陆地、海洋等生态系统和动植物群落演变过程的见证，代表了各种

生态系统的变化过程。

（10）是多种生物的栖息地和保护区，对维护生物多样性具有重要价值，也是很多濒临灭绝的生物的重要栖息地。

世界文化遗产的十项标准分为两组：第一组是标准（1）～（6），适用于文化遗产；第二组是标准（7）～（10），适用于自然遗产。任何遗产符合世界文化遗产十项标准中的一条或多条，且是真实完整的，由地区保护管理部门进行保护的，才是具有普遍价值的遗产，才能被列入《世界遗产名录》。

2. 中国世界文化遗产的符合标准

中国世界文化遗产是代表中国优秀传统文化的符号和中华文明传承的象征，具有极高的历史、艺术和科学价值，符合列入《世界遗产名录》的多项标准。[①]中国迄今没有只符合一条标准的世界文化遗产。中国是拥有符合文化遗产所有标准项的世界文化遗产数量最多的国家，全球因符合六条标准被列入的世界文化遗产的有三项：意大利的威尼斯、中国的莫高窟和泰山。中国拥有符合世界遗产标准项最多的遗产，全球因符合七条标准被列入的世界遗产有两项：澳大利亚塔斯马尼亚公园群和中国泰山。泰山符合世界文化遗产六条标准和世界自然遗产一条标准；长城、苏州古典园林、清东陵、清西陵、明十三陵、明孝陵、盛京三陵、高句丽王城王陵及贵族墓葬符合世界文化遗产五条标准。中国世界文化遗产的列入标准，见表2－1[②]。

表2－1　中国世界文化遗产的列入标准

序号	遗产名称	遗产类别	符合标准
1	长城	C	C（1）（2）（3）（5）（6）
2	明清皇宫·北京故宫、沈阳故宫	C	C（1）（2）（3）（5）
3	周口店北京人遗址	C	C（3）（6）
4	秦始皇陵	C	C（1）（3）（5）（6）
5	莫高窟	C	C（1）（2）（3）（4）（5）（6）

① 陈华文. 论中国非物质文化遗产的分级申报制度 [J]. 民俗研究, 2010, 95 (3): 66 - 79.
② 彭跃辉. 中国世界文化遗产保护管理研究 [M]. 北京: 文物出版社, 2015.

续表

序号	遗产名称	遗产类别	符合标准
6	承德避暑山庄及周围寺庙	C	C (2) (5)
7	曲阜孔庙、孔府、孔林	C	C (1) (5) (6)
8	武当山古建筑群	C	C (1) (2) (6)
9	拉萨布达拉宫历史建筑群·布达拉宫、大昭寺、罗布林卡	C	C (1) (5) (6)
10	丽江古城	C	C (2) (5)
11	平遥古城	C	C (2) (3) (5)
12	苏州古典园林·留园、环秀山庄、拙政园、网师园、艺圃、耦园、沧浪亭、狮子林、退思园	C	C (1) (2) (3) (4) (5)
13	颐和园	C	C (1) (2) (3)
14	天坛	C	C (1) (2) (3)
15	大足石刻	C	C (1) (2) (3)
16	青城山—都江堰	C	C (2) (5) (6)
17	龙门石窟	C	C (1) (2) (3)
18	明清皇家陵寝　明显陵	C	C (1) (3) (6)
	清东陵、清西陵		C (1) (3) (4) (5) (6)
	明十三陵、明孝陵		C (1) (2) (3) (5) (6)
	清永陵、清福陵、清昭陵		C (1) (2) (3) (5) (6)
19	安徽古村落·西递、宏村	C	C (3) (4) (5)
20	云冈石窟	C	C (1) (2) (3) (5)
21	高句丽王城王陵及贵族墓葬	C	C (1) (2) (3) (4) (5)
22	澳门历史城区	C	C (2) (3) (5) (6)
23	殷墟	C	C (2) (3) (5) (6)
24	开平碉楼与村落	C	C (2) (3) (5)

续表

序号	遗产名称	遗产类别	符合标准
25	福建土楼	C	C（3）（4）（5）
26	登封"天地之中"历史建筑群	C	C（3）（6）
27	元上都遗址	C	C（2）（3）（5）（6）
28	大运河	C	C（1）（3）（5）（6）
29	丝绸之路：长安—天山廊道路网	C	C（2）（3）（4）（6）
30	土司遗址	C	C（2）（3）
31	庐山	L	C（2）（3）（5）（6）
32	五台山	L	C（2）（3）（5）（6）
33	杭州西湖	L	C（2）（3）（6）
34	红河哈尼梯田	L	C（3）（4）
35	泰山	M	C（1）（2）（3）（4）（5）（6） N（9）
36	黄山	M	C（2） N（9）（10）
37	峨眉山－乐山大佛	M	C（5）（6） N（10）
38	武夷山	M	C（3）（6） N（9）（10）

（二）世界文化遗产申报政策的基本原则

1. 真实性

真实性是所有申报进入《世界遗产名录》的文化遗产必须要具备的重要条件之一。要充分认识文化遗产的价值，需要有关于遗产的真实可靠的信息来源。文化遗产在艺术、历史和社会等多方面的有关信息必须要充分体现文化遗产的价值。

判断一项文化遗产是否具有真实性，必须要依据文化遗产的不同类型，考虑其文化背景，遗产的文化价值在外形与设计，建筑材料，传统记忆与管理，地理位置等与其他非物质文化遗产都必须是真实可信的，那么这种文化遗产才具有真实性。因此在申报遗产真实性时，首先要确保考虑能够代表真实性的载体，在评估时要确保每个载体都能很好地体现真实性。

2. 完整性

具有完整性也是申报进入《世界遗产名录》的遗产必须要具备的重要条件。完整性指的是遗产必须要是一个完整的整体。对于某种遗产整体性的评估，需要从三个方面看遗产是否达到标准：第一是能代表遗产具有普遍价值的因素；第二是遗产本身要保存完好，能够完整地体现出遗产的价值；第三是遗产在发展过程中受到的负面影响程度，是否保留原始面貌。

申报列入文化遗产名录的遗产，其外在基本特征要保存完好，控制好毁坏程度；自然景观、历史古迹或其他活遗产中，最有代表性的特征和功能要保护好。此外，申报自然遗产的遗产，要保留完整的生物物理过程和自然地理特征。

三、世界文化遗产的申报

根据《保护世界文化和自然遗产公约》及其操作指南，世界文化遗产申报需要分为以下九个步骤：

（1）签署《保护世界文化和自然遗产公约》（以下简称《公约》）。签署《公约》，成为《公约》缔约国，承诺保护本国文化和自然遗产，是各国申报世界遗产的基本前提。

（2）呈报《预备名录》。缔约国应对境内具有突出的普遍价值、拟申报列入《世界遗产名录》的遗产制定一个《预备名录》，并提交世界遗产委员会秘书处备案。若缔约国递交申报的遗产未曾列入备案《预备名录》，则委员会会议将不予考虑。

（3）确定申报项目。缔约国从《预备名录》中筛选并确定列入《世界遗产名录》的遗产申报提名项目。

（4）准备申报文件。世界遗产委员会会根据各国提交的申报文件来评估某项遗产是否有资格被列入《世界遗产名录》。因此，在申报文件中要全面地展现遗产的相关信息，而且其信息来源要可靠。

每年 9 月 30 日前，申请国可以上交遗产申报初稿，然后世界遗产委员会秘书处会进行审核并给出相应的建议。各国可以自由选择是否提交申报初稿。初稿的提交时间不限，但是必须在 2 月 1 日及之前提交给世界遗产委员会秘书处，然后才能获得审查资格。

（5）申报登记。世界遗产委员会收到各国提交的申报材料后，会回执进行确认，然后审查材料是否完整并登记在册，随后会将完整的申报文件提交给相关机构。

（6）由咨询机构进行评估。咨询机构会对各国申报的遗产做普遍价值评估，审核遗产的完整性和真实性是否符合要求，是否可以进行保护和管理。

从本年年底到第二年 3~4 月，咨询机构会派相关人员到现场做实地考察，对遗产的保护和管理做整体性的评估，咨询机构会根据评估的结果，在 1 月 31 日前向遗产申报国确认或索要相关重要信息。

对文化遗产做最终评估的是国际古迹遗址理事会，自然遗产的申报评估则由世界自然保护联盟负责。若某些文化遗产是作为人文景观申报的，则需要由这两个机构协商，一起进行评估。国际古迹遗址理事会和世界自然保护联盟还需要共同评估世界文化和自然遗产的申报。

（7）国际古迹遗址理事会或者世界自然保护联盟需要将评估的结果提交给世界遗产委员会秘书处。国际古迹遗址理事会和世界自然保护联盟，一般会给出三类评估建议：首先是某些遗产可以毫无保留地列入《世界遗产名录》；其次是审核不通过的遗产不予录入；最后，某些遗产需要进一步考察或推迟申报。

（8）世界遗产委员会主席团会根据申报遗产的评估建议，向世界遗产委员会提交建议录入《世界文化遗产》的名单。世界遗产委员会秘书处在每一届委员会会议时会制定一份遗产名单，将所有的申请名单都录入在内。

（9）最终决策。世界遗产委员会会讨论决定哪些遗产可以进入世界遗产名录，哪些遗产不符合标准，还有哪些要做进一步考察，需要推迟申报。

世界文化遗产申报周期指的是从递交申报材料，一直到最终确定结果这一完整过程，通常是一年半的时间，也就是从每年 2 月各国递交申报材料起到第 2 年 6 月世界遗产委员会最终决策才结束。

四、紧急受理的世界文化遗产申报

（1）紧急受理的世界文化遗产申报需要满足特定的条件。首先，某项遗产要符合录入《世界遗产名录》的标准，其次因为各种因素正在受到损害或者面临消失的危险，但是申报材料的提交和受理无法在规定时间内进行。这类遗产申报可以接受紧急受理，而且既会被录入《世界遗产名录》，又有可能会被录入《濒危世界遗产名录》。

（2）申报程序。首先，申请国要提交相关材料并申请进行紧急受理。在此之前，该项遗产即将或已经被列入《预备名录》；其次，世界遗产委员会秘书处会直接把申报材料转交相关机构并指出需要对该遗产的普遍价值、损坏情况和危险性进行评估，必要时需要实地考察；接着相关机构会对该遗产录入名录的标准和紧急受理的条件进行审核，将申报项目的审议放在下一届世界遗产委员会会议当中；最后，审议申报材料时，世界遗产委员会会考虑将其录入《濒危世界遗产名录》，并提供相关保护援助；列入世界遗产名录后，世界遗产委员会秘书处和相关机构会继续进行后续的保护和审查工作。

第二节　中国世界文化遗产预备名单
与“申遗热”冷思考

一、中国世界文化遗产预备名单

（一）《预备名录》及其功能

世界上各国中还存在许多可以列入世界遗产的文明瑰宝，这些文明瑰宝都被记录在《预备名录》中，并且在《预备名录》中会对这些预备遗产的地理位置、普遍价值、遗产名字还有简要内容做出阐释。

列入《预备名录》对这些申遗预备项目的保护状况、完整性和真实性都有

要求，另外还要求遗产预备项目的文化价值、社会价值、历史价值在当地、缔约国和世界范围内都独一无二。

（1）申报项目的前提。按照《公约》的规定，列入《预备名录》是申报世界遗产的先决条件。世界遗产委员会只审议已列入缔约国《预备名录》中申报的遗产。缔约国呈报《预备名录》至世界遗产委员会秘书处的时间应至少提前遗产申报一年。

（2）作为规划与评估的工具。前文提到《预备名录》中对申遗项目会做完整详细的介绍，这些介绍可以成为有关政府机构和部门对未来遗产的规划评估的参考依据。当然，世界遗产委员会还鼓励针对《预备名录》中有关区域主题之间不协调的地方进行改进，以弥补《世界遗产名录》中有关世界遗产的空白。

（3）申报项目的储备库。《预备名录》作为世界遗产申报的一个储备库，基本上最少被要求 10 年审查更新一次，这样才可以及时获知世界遗产后备资源，也让缔约国更加重视自己的文明瑰宝。

（二）《中国世界文化遗产预备名单》的修订

1986 年，中国政府向世界遗产委员会递交了包括长城在内的 28 项遗产作为《中华人民共和国世界遗产预备名单》，启动了第一批世界遗产申报工作。中国第一次递交《中国世界文化遗产预备名单》是在 1996 年，这份预备名单交由联合国教科文组织世界遗产委员会秘书处。

《中国世界文化遗产预备名单》对世界文化遗产的收录要求是要能够展示文化遗产的独特性和多样性。2006 年经由国家文物局递交给世界遗产委员会秘书处备案的《中国世界文化遗产预备名单》里有 129 个项目。世界遗产委员会秘书处又从这 129 个世界遗产选择了 8 项遗址类、3 项工业遗产类、5 项古迹类等共 35 项文化遗产。选出的这 35 项世界文化遗产既可以展示中国文明瑰宝的特色，从另一方面讲这也拓宽了世界对文化遗产的新认知，为世界文化遗产增添一抹独特的色彩。

2019 年 1 月 30 日，国家文物局公布了从 81 个申报项目中遴选更新的《中国世界文化遗产预备名单》。新修订的《中国世界文化遗产预备名单》具有以下五个特征：

（1）遗产数量的扩充。在《中国世界文化遗产预备名单》这一文件中，国家申请合格的有 35 个遗产项目。

（2）遗产新类型增多。2019 年新修订的《中国世界文化遗产预备名单》新增了 6 个遗产项目：石峁遗址、西汉帝陵、唐帝陵、海宁海塘·潮文化景观、济南泉·城文化景观以及万里茶道。

（3）遗产分布范围广。在新修订的《中国世界文化遗产预备名单》中，尚无世界遗产项目的地区列入数目明显增多，有 55 个，《中国世界文化遗产预备名单》遵守了代表性、可信性、平衡性原则，这一原则的贯彻从某一程度上对以后中国世界文化遗产的申报工作打下坚实的后盾。另外执行这一原则后，从某一角度来说，扩大了遗产申报的地域范围，还提升了遗产申报的影响力。

（4）实行动态管理。被收入到《中国世界文化遗产预备名单》中的名单并不是一成不变的静止状态，它是动态变化的。针对没有录入此名单的项目，如果对于遗产保护良好，在合适时机就会被录入到《中国世界文化遗产预备名单》；相反对于已经收入到《中国世界文化遗产预备名单》的遗产项目，一旦出现保护不当、管理状况下降的情况，轻者会对此警告处分，重则就会撤销其名字。

二、中国世界文化遗产"申遗热"冷思考

申报世界遗产是世界各国的热门议题，尽管缔约国每年的"申遗"名额受限，申报门槛抬高，中国"申遗"角逐不仅没有降低，反而持续升高。这是与中国的资源优势、地方政府的利益偏好和各种力量的动员机制密不可分的。

（一）申遗的动力本质

（1）增强国际意识。世界文化遗产是推介文化遗产及其所在地的招牌与名片，潜在价值难以估算。打上世界遗产标签，就是在全球范围推介一个文化旅游品牌，展示一个遗产旅游的亮点。申遗工作不仅能够保护世界文化遗产这一伟大的世界文明瑰宝，还可以增强国家的软实力，展现中华上下五千年独有的魅力。将中国文化精华传播出去，让更多人认识了解中华文化的独特魅力，提升中国在国际上的地位。

（2）借助外力改变保护问题。中国遗产资源管理体制在长期的执行中出现了一些问题，比如管理机制不健全，还有缺乏动力的制度变迁等问题。这些问题长期得不到解决，可以借着《保护世界文化和自然遗产公约》中的政策来改变现状，采取一个自下而上的制度变化，也可以借机引起上级政府部门的重视。各遗址地以申遗为契机，全面推进遗址保护及环境整治，解决了一批多年困扰遗址

保护的遗留难题。

申遗需要满足申遗条件，这包含了硬件和软件两方面。需要当地部门采取与以往体制不同的措施，间接改变原有体制中存在的问题，也让新旧力量得到调和，新力量得此机会发展，改变以往旧体制的弊端。以往的制度变迁也缺乏动力，申遗工作的展开为当地政府及遗址管理部门探寻了新的经济增长点和获取利益机制，进而提升制度变迁的动力。

（3）推出促进发展并改善生活的新引擎。申遗前期前所未有的基础设施建设、环境整治及居民搬迁行动，投入大、见效快，极大改善了当地人民的居住条件和生活质量。申遗成功的社会广知度和世界文化遗址的品牌效应，为当地经济社会的发展注入了新动力。遗址旅游业发展，可引导当地居民转移就业，增加当地居民收入，提高当地居民生活水平，共享遗址保护成果。

（4）重建遗址形象并促进社区参与。申遗过程，其实是一个遗址地不断宣传推广，在媒体、公众中重构遗址地形象的过程，同时是推进遗址保护的有效载体，能够在更大范围、更宽领域、更深层次传播普及文化遗址常识和法制，提高社区居民的遗址保护意识。

申报世界遗址是一件伟大的事情。申遗可以保护世界文化瑰宝，还可以引起人们对此世界文化遗产的重视，展现其独具一格的文化和地质等魅力。与此同时，申遗还可以改善一座城市、一个地区的社会环境和生活环境，加强人们对世界遗产的保护意识，扩大世界文化遗产知识的传播，从而为当地居民谋取精神和生活方面的利益。实现这一目标，需要培养当地居民的责任意识、环保意识、安全意识、服务意识等，这些意识的增强进而可以提高世界遗址的生存环境，是一个良性的循环过程。除此之外，申遗工作的开展，可以让人们了解更多的古文化，促进学术研讨和交流工作，提升保护者的积极意识。

（二）申遗与旅游发展的关系

在中国很多人会把世界遗址地和旅游胜地挂钩，这其实是一种错误的想法。世界遗址地有它独特的魅力和绝无仅有的风景，但是这不代表它是当地旅游业发展的核心招牌。所以文化保护和旅游发展两者之间到底是何关系就需要好好考虑。面临这一问题的不只是中国，世界和中国面临着同一个问题。申遗的目的不是为了经济旅游，而是体现在以下两个方面：

第一个目的是为了保护遗址。申遗前、过程中、申遗后都需要重视对遗址的保护，这也是申遗的标准之一。申遗标准有六条，其中一条就体现了对遗址的保护性原则。申遗需要注重遗产地的环境和文物保护，还要最大程度地展示遗址地的真实性、完整性、平衡性，这些要求对遗址的保护起到促进作用，还能够推动当地的管理、展示等工作的开展。很多遗址地没有博物馆、展览馆、游客中心等设施，缺少这些设施的保护和管制，遗址地难免会受到损坏，而申遗工作中明确指出遗址地必须有上述设施，又进一步加强了对遗址的保护。

第二，利用好遗址。遗址是人类的遗址，人类也有权利去参观游览，这些人类活动间接推动了当地经济发展。对于这一过程，我国文物局有条例规定该如何衡量文物与旅游之间的关系。工作方针中首先以保护为主，这也反映出国家对于文物保护的重视。其次是抢救，这就反映出文物在受到损害后最先做的事情就是抢救。再次是合理利用，这一方针是在保护和抢救之后，就表明已经申遗成功的遗址，可以开展适当的旅游工作，提升文物在社会经济文化等方面的价值。最后一个方针是加强管理，展现我国对文物遗址的重视。

遗址的保护和旅游活动是一个相互作用的过程，两者彼此作用，是一种良性的互动。世界遗址是人类精神文明和物质文明的体现。通过旅游这种手段，更多的人可以瞻仰它最真实的面貌，感受它独特的文化价值和社会价值。反过来，旅游这项活动是建立在世界遗址不被损坏的前提下，一旦保护不当或者管理不当，世界遗址就失去原有的价值，那么旅游胜地也会失去它的经济和社会价值。

申遗的价值在于两方面，从文化角度来说，申遗能够让世界人民知道遗址地的文化价值，还可以让世界人民了解遗址地的地理、地质等方面的价值。这两方面也是文化遗址和自然遗址申遗时的区别。申遗成功也是对其遗址地的价值肯定，要与旅游开发区别开。

申遗对于旅游有以下三种意义：第一层含义是遗址地正是因为其独特性、稀缺性、顶级性才能够申遗成功；第二层含义是，申遗与宣传密不可分，申遗过程中需要采取宣传这一手段，宣传推广可以增加遗址地申遗成功的可能性；申遗成功后又为遗址地做了新一轮的宣传；第三层含义是能够申遗成功需要满足申遗的一系列条件，那么在软件和硬件方面都要下足功夫，这就带动了经济的发展。

第三节　中国世界文化遗产申报方略的完善

世界文化遗产申报工作应当树立正确理念，以加强保护、促进传承为工作目标，以诠释、宣传文化遗产的突出普遍价值为基本要求，不断提高文化遗产保护管理水平，充分发挥促进发展的积极作用。

一、中国世界文化遗产的申报策略

（1）批量申报。批量申报是三项以上的文化遗产同一时间申报并被列入《世界遗产名录》。在"凯恩斯决议"出台之前，批量申报是中国世界文化遗产申报工作的主要策略。[①]

（2）组群申报。组群申报，也称捆绑申报，就是拥有共同属性的文化遗产群，同时或相继以同一世界文化遗产冠名申报或扩展列入《世界遗产名录》。组群申报按照地域分为不同地域组群申报和同一地域组群申报两类；按照时间分为同一时间组群申报和不同时间组群申报。世界文化遗产扩展项目就是不同时间组群申报。

（3）连续申报。连续申报就是连续多年不间断地将中国文化遗产成功列入《世界遗产名录》。

（4）特色申报。中国文化遗产在历史面貌、民族风格、艺术特征、材料构成、自然环境、地域文化等诸多方面具有浓郁的东方神韵和中国特色，符合世界文化遗产的多样性、代表性和罕见性。

（5）政府主导。中国世界文化遗产申报工作无一例外是在政府主导下进行的，遗产所在地方政府是申报工作的经办主体，这体现了各级党委政府对世界文化遗产申报工作的高度重视，甚至将其提升为重大政治任务和文化政绩工程。

---

① 於贤德. 对民间文学申报非物质文化遗产的几点思考［J］. 暨南学报（哲学社会科学版），2009，31（2）：204－208.

二、中国世界文化遗产的申报规定

（1）遵守国际惯例。中国世界文化遗产申报工作应当遵循《保护世界文化和自然遗产公约》《实施世界遗产公约操作指南》及世界遗产中心《世界遗产资源手册——世界遗产申报准备》等相关规范性文件规定的原则、政策、标准和程序。

（2）《世界文化遗产保护管理办法》的相关规定。《中华人民共和国文物保护法》及其实施条例，尚无对世界文化遗产的相关规定。部门规章《世界文化遗产保护管理办法》，仅对已列入《世界遗产名录》的世界文化遗产保护管理做出规定，并未涉及世界文化遗产申报事宜。

（3）《世界文化遗产申报项目审核管理规定》。为进一步加强中国世界文化遗产申报管理，国家文物局印发了规范性文件《世界文化遗产申报项目审核管理规定》。该管理规定明确了世界文化遗产申报项目审核管理的职责和程序。

（4）《世界文化遗产申报工作规程（试行）》。《世界文化遗产申报工作规程（试行）》分为总则、相关方的责任和义务、申报准备和条件、工作方法和程序、其他事项、附则，共六章五十条。这是对《世界文化遗产申报项目审核管理规定》的细化，具有世界文化遗产申报工作操作指南的性质。

三、中国世界文化遗产申报机制的完善

中国是历史悠久的世界文明古国，文化遗产资源丰富、种类齐全、特色鲜明、价值突出，申报世界文化遗产的潜力巨大、前景广阔。

（1）充实申报项目储备，完善预备名单动态管理机制。预备名单是世界文化遗产申报工作的第一关，也是直接关系申报质量的关键环节。建立"预备名单+申报项目储备库"制度，严格按照世界文化遗产标准遴选遗产提名项目，提前编制未来五年遗产申报提名推荐项目计划。[1]

建立预备名单遗产项目的定期评估制度，初步形成预备名单能进能出的动态调整机制。考虑到世界文化遗产申报新政策和中国文化遗产资源调查的大量新成果，按照地方申报、专家审核、从严把握、规划先行的原则，及时对预备名单进

---

[1]　贺云翱、陈思妙. 考古发掘与世界文化遗产申报——以明孝陵为例［J］. 东南文化，2019，（1）：21－27.

行小幅调整或全面更新，发挥预备名单服务遗产申报工作的支持作用。

（2）履行行业指导职能，强化地方政府的主体作用。国家文物局要加强与地方政府的沟通协调，明确遗产申报的倾斜重点和支持方向，做到通盘考虑。按照属地管理原则，发挥地方政府在世界文化遗产申报工作中的主体作用，积极调动地方政府总揽全局的资源优势和协调能力，保障遗产申报机构、人员、经费的投入及各项工作的顺利推进。

（3）深化遗产价值研究，调整申报策略。比较分析中国文化遗产的独有特色和突出价值，整体把握世界文化遗产申报的要求和趋势，研究制定中国世界文化遗产申报战略和策略。

首先，在申报类型上重点支持新兴遗产类型和《世界遗产目录》的稀缺或空白类型，对系列遗产、文化景观、大型文化遗产、跨境遗产予以倾斜；其次，在申报方法上捆绑申报、联合申报虽为次优选择亦是工作需要，是增强申遗竞争力和突破申遗名额瓶颈、保护地方申遗积极性的重要举措，也成为世界遗产委员会所提倡或鼓励的方式；最后，在工作方法上深入研究遗产个性和全面阐释遗产价值，做到对内增进与中华人民共和国外交部、中华人民共和国住房和城乡建设部、中国联合国教科文组织全国委员会等部门的协作，对申报重要事项提前沟通，形成一致意见，指导遗产地做好各项前期准备。

（4）扎实推进前期工作，坚持专业把关。加强遗产保护能力建设，开展遗产整体保护和周边环境整治，确保遗产的真实性和完整性。致力于申报材料的准备能力建设，编制完整规范的申报文件，有序推进申报工作。坚持将学术与行政分开，以确保专业成功为先，把主要精力放在练好内功、做好前期的项目审核和国内申报准备上。规范专家咨询程序，在专业问题上要充分听取和尊重咨询机构及专家的意见建议，确保申报工作的科学性。加强与国际相关咨询机构的沟通交流，争取在专业评估阶段取得有利的评估意见。

（5）加强"三大项目"的保护与申报，发挥示范作用。大型文化遗产的保护，以线状区域带动相关各点，以整体带动单体，以最少的工作量带动最多的、最大区域的遗产保护，有利于遗产资源的整体保护，有利于国家实施宏观战略调控，推动大范围地区的经济文化大发展，有利于提高跨行政区域和跨部门的协同管理能力。大型文化遗产的保护申遗，不仅可以节省申报名额，在国家层面整合文化遗产资源，也能更好地突出中国文化遗产的完整性，所包括的遗产数量众多、涵盖的遗产面积广泛，在国际文化遗产保护领域的积极影响无可估量。

四、中国世界文化遗产申报的相关立法建议

（1）世界文化遗产保护管理行政法规的相关立法建议。在研究制定行政法规"中国世界文化遗产保护管理条例"的过程中，建议应当对遗产申报程序、申报项目和申报文本审核职责、遗产保护管理的前期条件做出原则性规定。

（2）研究制定部门规章《中国世界文化遗产申报管理办法》。在调研《世界文化遗产申报项目审核管理规定》和《世界文化遗产申报工作规程（试行）》实施情况的基础上，研究制定部门规章《中国世界文化遗产申报管理办法》。这是一种中国世界文化遗产保护管理相对理想的立法架构。建议在《中国世界文化遗产申报管理办法》中对申报项目范围、申报程序、申报项目、申报文本审核职责、申报文本评估程序、遗产保护管理机构设置门槛，为《中国世界文化遗产预备名单》编制和更新程序做出可行性、可操作性的细化规定。

（3）精心编制中国世界文化遗产申报工作手册。在深入研究《实施世界遗产公约操作指南》、世界遗产中心《世界遗产资源手册——世界遗产申报准备》和国家文物局《世界文化遗产申报工作规程（试行)》的基础上，研究编制好一本全面、清晰、规范的中国世界文化遗产申报工作手册，可为地方政府、遗产保护管理部门、遗产保护管理机构、世界文化遗产工作者、世界遗产研究专家、社会人士提供工作助手和参考指南。

第三章

世界文化遗产的管理与提升路径

世界文化遗产管理是国家公共资源管理的组成部分，与国家行政管理体制改革息息相关。完善管理体制，明确管理权限，创新管理举措，加强管理部门和保护机构的能力建设，是提升世界文化遗产管理水平的关键环节。本章主要探究宏观管理、微观运行及管理效能提升路径。

第一节　宏观管理

文化遗产管理体制是国家管理文化遗产资源的组织体系和权限划分的基本制度，是有效保护、合理利用和永续传承文化遗产资源的组织保障，根本核心是管理机构的设置、管理机构职权的分配及各管理机构之间的相互协调。

一、中国文化遗产管理体系的组成

文化遗产属于公共资源，文化遗产事业属于公益事业，保护管理好文化遗产是现代公共政府一项义不容辞的重要职责与使命。文化遗产资源属于国家所有，文化遗产所有权由最高国家行政机关——国务院代表国家行使，并在国家所有制基础上建立"部门＋层级"的委托代理制度，建立自上而下的"政府主导＋职能部门"的非营利性行政管理体制。

中国文化遗产管理的组织结构是直线职能制结构。中央政府在文化遗产管理领域的组织机构由两部分组成：第一，国务院统一领导和宏观管理全国文化遗产事务，制定行政法规，规定行政措施，把握方向，决策大事；第二，国务院的组成部门和直属机构，主要包括：国家文物局、中华人民共和国文化部、中华人民共和国住房和城乡建设部、中华人民共和国国土资源部、中华人民共和国国家旅游局和中华人民共和国国家林业局，共同管理文化遗产具体事务。这些职能部门对于文化遗产地资源依据相关法律法规及其各自部门政策进行管理，并且形成了从中央到地方的垂直序列。

文化遗产所在地区的地方政府设立文化遗产地资源管理机构，机构规定设立在文化遗产地区域内的所有单位都要服从于管理机构的统一管理。由于世界文化遗产地的分布不集中并且呈现区域性的分布特点，而且这些管理机构在行政隶属关系上与地方政府联系紧密，政府又主管机构的人事、财政、投入等方面的工作，所以管理机构与地方政府之间呈现水平的机构序列。

国家文物局负责文化遗产管理，中华人民共和国住房和城乡建设部负责自然遗产管理，国家文物局、中华人民共和国住房和城乡建设部共同负责历史文化名城名城（镇、村）、文化和自然遗产管理。根据立法权限，国家制定全国性保护法律法规，地方在立法权限范围内制定地方性法规、地方政府规章，但是对于设置文化遗产保护管理机构及机构的地位、性质、责任、经营等方面均未具体说明内容；在机构运作资金方面，资金筹集渠道仅限于国家财政拨款、地方财政拨款及少量的社会捐赠。

二、中国世界文化遗产管理体系的特征

世界文化遗产管理体制源自且受制于缔约国的文化遗产管理体制，旨在确保现在和将来对世界文化遗产进行有效保护，坚守和促进文化的多样性。

（1）政府主导。各级政府作为世界文化遗产工作的法律、政策和制度的制定者、倡导者、执行者和维护者，在世界文化遗产事务管理中处于决策者、管理者的主导地位，承担推进依法行政、增加财政投入、配置公共资源、加强有效监管、维护遗产安全的重要职责。

（2）条块结合。中国世界文化遗产管理体制，是与国家行政管理体制相一致的，大致采用"条块结合、以块为主"的双重管理模式。世界文化遗产区域及周边环境的各类实体资源和事务分别由不同的政府职能部门根据法律法规的规定和国务院赋予的职能进行授权管理，这些职能部门从中央到地方形成完整的纵向或垂直序列，在遗产所在地设置相对应的各类职能部门，对遗产区域的实体资源和事务实施行业管理，形成"条"的组织格局。地方政府领导、协调本行政区域内世界文化遗产工作；世界文化遗产地的职能部门及管理机构在隶属关系上作为地方政府的组成部门及派出机构，授权管理世界文化遗产区域具体事务，形成"块"的组织序列。这样，遗产地的职能部门及管理机构，分别对行业管理职能部门和地方政府双重负责，纵向接受上一层级职能部门的业务指导；横向接受地方政府的行政领导。①

（3）分级负责。分级负责主要分为中央及地方两个层面。

第一，中央层面。采取与国家正在实行的行政管理体制相对应的多部门分类管理、分工负责的方式管理世界文化遗产事务。按照国务院确定的部门职责分工

---

① 方彦富．世界文化遗产管理的经验和教训［J］．福建论坛（人文社会科学版），2009，（8）：97－102．

要求，世界文化遗产工作由国家文物局主管，国家文物局会同中华人民共和国住房和城乡建设部负责世界文化和自然遗产管理工作。中华人民共和国住房和城乡建设部城乡规划司承担历史文化名城（镇、村）保护和监督管理的有关工作；城市建设司承担国家级风景名胜区、世界自然遗产项目、世界自然和文化遗产项目的有关工作；城市建设司下设世界遗产和风景名胜管理处。

第二，地方层面。按照谁主管、谁负责的工作要求，在明确世界文化遗产事项归哪一级政府负责后，在当地政府的领导部署下，当地政府职能部门依法各自履行世界文化遗产的相关职责，防止各职能部门之间相互推诿或塞责。世界文化遗产地所在的省级人民政府要设立世界文化遗产保护管理协调机制，并且本地区世界文化遗产的保护管理工作均由该机制负责协调和指导。地方政府建立专门的世界文化遗产管理机构，世界文化遗产管理机构按照地方政府和职能部门的相关要求，切实承担起保护、管理世界文化遗产的具体责任。

（4）属地管理。中国世界文化遗产大多数实行属地管理，形成了国家级、省（自治区、直辖市）级、市级、县级甚至乡（镇）级不同的管理层次，并以市级、县级地方政府管理为主。世界文化遗产工作实行属地管理的优先原则，无论是属"条"还是属"块"的世界文化遗产事项，都要明确地方政府在世界文化遗产工作中的主导作用，强调履行政府的管理职责和发挥政府的职能作用。

地方政府统一领导、全面负责、全面管理本行政区域内的世界文化遗产事务，具体负责贯彻有关的方针政策，确定世界文化遗产的管理机构，协调处理有关重大问题和督促检查各项措施落实，对世界文化遗产工作有指导协调权、督促检查权等。作为具体承担世界文化遗产管理职责的文物、住房和城乡建设、国土资源、旅游、林业等职能部门，由地方政府和部门系统双重领导，以地方政府领导为主。这些部门要服从世界文化遗产所在地方政府的统一领导，接受所在地方政府的组织、指导、协调、督促和检查，同时执行上级主管职能部门的指导和督察。

地方政府对世界文化遗产地职能部门及管理机构具有直接的管辖权，世界文化遗产地职能部门及管理机构的人和财物也均由地方政府负责。这种组织方式符合中国国情，地方相关部门积极参与世界文化遗产管理，通过行政权力来保障世界文化遗产管理工作在日益复杂的外部环境下的顺利开展。在经济社会发展转型期，加大地方政府的管理责任，既是当务之急，又是必要手段。若脱离地方政府的人和财物支持，则世界文化遗产地职能部门及管理机构就无法在现有行政管理体制框架内进行有效管理。

三、中国世界文化遗产管理体系面临的问题

世界文化遗产作为一个完整的区域系统，统一管理是世界文化遗产管理的基本原则。由于中国世界文化遗产管理受到国家行政管理体制的影响，在宏观上没有实行集中统一管理，在微观上被分割成文物保护单位、风景名胜区、自然保护区、森林公园、旅游景区等不同管理体制，也决定了其宏观管理的多体性特征。

（一）多重管理职责的设置

中国世界文化遗产管理体制交叉复杂，在组织模式上继承了国家行政管理体制的条块分割的管理特征。文物、文化、住房和城乡建设、国土资源、旅游、林业、环境保护、教育、外交、工商、公安、消防等政府职能部门，均与世界文化遗产管理有关。在世界文化遗产地的规划编制方面，风景名胜区的总体规划和详细规划由中华人民共和国住房和城乡建设部要求编制，无疑增加了世界文化遗产地管理部门及管理机构的工作负担和管理成本。

世界文化遗产大多数是属地管理，所以其采取交叉管理模式，交叉管理模式在水平方向上实行多部门管理和垂直方向上实行多层级管理，并且世界文化遗产管理也兼有事业单位管理和企业经营管理的特点。目前大多数的世界文化遗产地集文物保护单位、风景名胜区及旅游景区为一体，按照"条块结合，以块为主"的多头管理模式运行，多个职能部门分割管理，缺少统一的管理机构，而遗产地各类资源又是不可分割的，造成了遗产管理的条块分割、多头管理、权责不清、政出多门、政事不分、重复管理、效率低下的复杂现象。从表面上来看，似乎实行多头管理的方式会形成部门间的竞争和专业对口管理，但是实际上来说这种管理方式有一大弊端，即多头管理的管理模式忽视了文化遗产资源本身的脆弱性、珍贵性，所以造成了各部门在开发收费时争先，一旦涉及重要的遗产保护管理工作又开始相互扯皮的局面。采用多头管理的模式保护和管理文化遗产，不管是从国家长远发展的角度还是从遗产保护的角度来看，都不是非常有效的管理方式，并且其弊端尚未完全显现，后期将继续暴露其弊端。

（二）管理体系重复建立

世界文化遗产是祖先留给全人类的共同财富，文化遗产本身突出的普遍价值、不可替代及其不可逆转的特性，决定了文化遗产应该受到特别的保护。早在

世界遗产概念诞生之前，中国就已经建立起了文物资源保护体系和自然资源保护体系，即文物保护单位体系和风景名胜区体系或自然保护区体系。这些管理组织形式和管理体系都是以各自的政治经济环境和社会文化背景为基础而建立的，所以就形成了符合中国国情的、交叉重叠的"特色保护方式"。

（1）文物保护单位。文物保护单位制度，是中国不可移动文物保护的基本制度。不可移动文物，根据文物本身的历史、艺术和科学价值，可以将该文物的保护单位分别确定为全国重点文物保护单位、省级文物保护单位和市县级文物保护单位。全国文物的保护工作由国家文物局主管，包括管理文物保护单位。全国重点文物保护单位和省级文物保护单位的专门管理机构一般都是博物馆、文物保护所或者文物管理处，为公益性事业单位，例如故宫博物院、陕西省榆林市镇北台长城文物管理所、清西陵文物管理处。但部分文物保护单位尚未设置专门机构或者指定机构、专人负责管理，完全处于无人监管的自然状态。

（2）风景名胜区。风景名胜区是指可供人们游览、观赏或进行科学、文化活动的区域，风景名胜区具有观赏、文化或科学价值，并且有较为集中的自然景观和人文景观，环境优美。根据风景名胜区的观赏、文化、科学价值，环境质量，规模大小，旅游条件，可以将风景名胜区划分为国家级风景名胜区和省级风景名胜区。自然景观和人文景观能够反映重要的自然变化过程和重大的历史文化发展过程，对于那些基本处于自然状态或保持历史原貌尚未开发的景区，具有国家代表性的，可以申请设立为国家级风景名胜区；具有区域代表性的，可以设立为省级风景名胜区。

（3）比较分析。文物保护单位强调保护，文物保护单位管理机构是专业化、技术性的保护机构，大都为事业单位性质，同时从事具有企业性质的经营活动。风景名胜区强调利用，强调促进旅游发展。风景名胜区管理机构是管理型、经营性的行政机构或职能机构。有的风景名胜区管理委员会具有地方政府的性质，有条件地赋予地方行政管理职能或依法成立风景名胜区人民政府，具有在本辖区内的行政权力，这种行政权力保证其在本辖区内对各种事务实行统一管理。因此，文物保护单位管理机构是技术管理、业务管理、专业管理，专职事业管理模式；风景名胜区管理委员会是综合管理、行政管理、经营管理，突出地域统一管理模式。在中国现实实践中，风景名胜区管理委员会模式更为有效。

世界文化遗产地管理机构既有博物馆或文物管理处的组织模式，又有风景名胜区管理委员会的组织模式。这种混合的管理体系特点与中国行政管理体制转型期有关，既具有一定的现实性，又具有一定的合理性。在中国，无论何时，对于遗产管理来说，国家级层次只有职能管理机构，而没有宏观管理机构，遗产管理是属于地方的责任。世界文化遗产区域建立一级政府管理模式，权利统一模式适用于管理关系复杂的地区；但是如果权利统一后使得行政权力过大则可能会导致部分管理的专业化特点难以有效发挥，不利于遗产保护。因此，无论何种形式，一定要赋予遗产管理部门及管理机构在特定区域内的统一管理权限。

（三）缺乏管理权限

按照《保护世界文化和自然遗产公约》的规定，联合国教科文组织成立了世界遗产中心协助"世界遗产委员会"开展工作，具体负责世界遗产的事务性工作。国际古迹遗址委员会、国际文物保护和修复研究中心和世界自然保护联盟三个咨询机构协助开展遗产评估、监测和科研工作。中国缺乏一个统一的、明确的国家级组织管理机构与国际世界遗产管理体制进行有效的衔接，只有相对分割的国家级行业管理，而世界文化遗产管理责任主要属于地方政府。

国家文物局为中华人民共和国文化部管理的副部级国家局，不是国务院的组成部门，其行政权威和部门协调能力必然受到一定限制。全国仅有北京、山西、陕西、山东四个省（直辖市）设立了独立的正厅级省级文物行政部门，大多数省级文物局附设于省（自治区、直辖市）文化厅（局），甚至为内设的处级机构。宏观管理部门权限不强势，文物执法、安全监管机构不健全、人才队伍编制严重不足的问题也是制约世界文化遗产保护管理发展的一个瓶颈。绝大多数市级、县级文物（文化遗产）管理部门及管理机构都未列入当地政府直属的职能部门，而是归于当地政府文化体育或者是文化体育广电部门的组成部分或下属单位，这对于文化遗产稀少的地区来说，属于正常的管理体制；而对于世界文化遗产地来说，则是一种束缚和制约，必然影响世界文化遗产工作在地方政府工作中的地位及作为。

现行的世界文化遗产管理体制有可能造成地方政府追求经济利益而忽视遗产保护。个别的世界文化遗产地为了片面地追求经济利益，擅自将世界文化遗产交由企业承包经营，改变了遗产地的管理体制，使得世界文化遗产保护存在安全隐患，而督察、纠正或查处此类违法行为则难以形成部门合力。在文物保护单位范围之外进行基本建设，文物保护部门由于缺乏法律支撑和执法保障，最终无法有效地进行职能管辖。

第二节　微观运行

世界文化遗产管理机构是世界文化遗产保护管理的基础，直接决定着世界文化遗产管理水平的高低。

一、世界文化遗产的管理机构

（一）世界文化遗产的组织形式

中国世界文化遗产管理机构的组织形式，根据资源特点、隶属关系和经费来源，主要分为以下四种类型。

（1）事业单位型管理机构。事业单位型管理机构主要分为两类：一类是文博系统事业单位，包括博物馆、文物管理处、研究院。这类管理机构是各级政府授权的行政性事业单位的延续，是中国多数世界文化遗产地管理机构的组织形式；另一类是园林系统事业单位，即公园型管理机构。这类世界文化遗产大都地处城市中心地带，是市民休憩的公共文化设施，一般由城市园林和绿化部门或城市建设部门管理。

（2）政府职能型管理机构。政府职能型管理机构主要分为两类：一类是地方政府直接主管的派出机构，享有由地方政府授权的管理职权；另一类是各级政府职能部门直接管理世界文化遗产地，设置具体执行的工作机构。

（3）风景名胜区型管理机构。这类管理机构具备地方政府或者准地方政府的行政职能，负责统一管理遗产区域的所有事务（不但负责遗产地的管理经营，而且负责遗产地社区及居民的行政管理），突出遗产旅游和资源经营的职责。这种管理机构的行政级别一般不高于属地政府级别，其称谓有管委会、管理局，一般所在地方政府首长兼任主要职务。

（4）企业特许经营型管理机构。世界文化遗产地将全部景区和局部景区的特许经营管理权整体移交或出让给企业，主要分为两类：一类是由原文物管理机构改革发展而来；另一类是由地方政府特许由企业对遗产资源进行经营管理。①

例如，事业单位型管理机构、政府职能型管理机构和风景名胜区型管理机构是世界文化遗产地管理机构的主要组织形式，分别占51%、27%和22%；世界文化和自然遗产地全部采用风景名胜区型管理机构模式。这反映了世界文化遗产是以各级文物保护单位为基础发展而来的。中国世界文化遗产管理机构辑录，见表3-1。②

表3-1　中国世界文化遗产管理机构辑录

序号	遗产名称		管理机构	机构性质	机构级别	主管部门
1	长城	八达岭长城	八达岭特区办事处	派出机构	处级	北京·延庆县政府
		司马台长城	古北口长城管理处	事业单位	科级	北京·密云区古北口镇政府
		黄崖关长城	黄崖关长城风景游览区管理局	事业单位	处级	天津·蓟县政府
		山海关长城	山海关区文物局	职能部门	科级	河北·山海关区政府
		金山岭长城	金山岭长城管理处	事业单位	科级	河北·滦平县政府
		九门口长城	九门口长城管理处	事业单位	副科级	辽宁·绥中县文化旅游局
		雁门关长城	雁门关风景区管理局	事业单位	处级	山西·忻州市政府
		镇北台长城	镇北台长城文物管理所	事业单位	科级	陕西·榆林市文化广播新闻出版局
		嘉峪关长城	嘉峪关文物景区管理委员会	事业单位	副处级	甘肃·嘉峪关市文物局
		三关口长城	永宁县文化旅游广播电视局	职能部门	科级	宁夏·永宁县政府
		大通边墙	大通回族土族自治县文物管理所	事业单位	股级	青海·大通回族土族自治县科技文化体育局

① 樊锦诗.基于世界文化遗产价值的世界文化遗产地的管理与监测——以敦煌莫高窟为例［J］.敦煌研究，2008，(6)：1-5.
② 彭跃辉.中国世界文化遗产保护管理研究［M］.北京：文物出版社，2015.

序号	遗产名称		管理机构	机构性质	机构级别	主管部门
2	明清皇宫	北京故宫	故宫博物院	事业单位	副部级	文化部
		沈阳故宫	沈阳故宫博物院	事业单位	处级	辽宁·沈阳市文化局
3	周口店北京人遗址		周口店北京人遗址管理处/周口店北京人遗址博物馆	事业单位	处级	北京·房山区政府
4	秦始皇陵		秦始皇帝陵博物院	事业单位	处级	陕西文物局
5	莫高窟		敦煌研究院	事业单位	厅级	甘肃省文物局
6	承德避暑山庄及周围寺庙		承德市文物局	职能部门	处级	河北·承德市政府
7	曲阜孔庙、孔府、孔林		曲阜市文物旅游局	职能部门	科级	山东·曲阜市政府
8	武当山古建筑群		武当山旅游经济特区管理委员会/武当山风景区管理局	派出机构	处级	湖北·十堰市政府
9	拉萨布达拉宫历史建筑群	布达拉宫	布达拉宫管理处	事业单位	处级	西藏自治区文物局
		大昭寺	大昭寺管理处	事业单位	副处级	西藏·拉萨市民宗教局
		罗布林卡	罗布林卡管理处	事业单位	副处级	西藏自治区文物局
10	丽江古城		丽江古城保护管理局	职能部门	处级	云南·丽江市政府
11	平遥古城		世界文化遗产平遥古城保护管理委员会办公室/平遥县文物局	职能部门	科级	山西·平遥县政府

序号	遗产名称		管理机构	机构性质	机构级别	主管部门
12	苏州古典园林	留园、环秀山庄、拙政园、网师园、艺圃、耦园、沧浪亭、狮子林	苏州市园林和绿化管理局	职能部门	处级	江苏·苏州市政府
		退思园	吴江同里景区管理所	事业单位	股级	江苏·吴江区同里镇政府
13	颐和园		颐和园管理处	事业单位	处级	北京市公园管理中心
14	天坛		天坛管理处	事业单位	处级	北京市公园管理中心
15	大足石刻		大足石刻研究院	事业单位	处级	重庆·大足县政府
16	青城山—都江堰		青城山—都江堰旅游景区管理局	事业单位	科级	四川·都江堰市政府
17	龙门石窟		龙门石窟研究院/龙门石窟文物保护区风景名胜区管理局	事业单位	处级	河南·洛阳市政府
18	明清皇家陵寝	明显陵	明显陵管理处	事业单位	副处级	湖北·钟祥市文化体育和新闻出版局
		清东陵	唐山清东陵保护区管理委员会	派出机构	处级	河北·唐山市政府
		清西陵	清西陵文物管理处	事业单位	副处级	河北·易县政府
		明十三陵	十三陵特区办事处	派出机构	处级	北京·昌平区政府
		明孝陵	中山陵园管理局	派出机构	副厅级	江苏·南京市政府
		清永陵	清永陵文物管理所	事业单位	副科级	辽宁·新宾满族自治县文化广电体育局（文物局）
		清福陵	东陵公园管理中心	事业单位	处级	辽宁·沈阳市城市建设管理局
		清昭陵	北陵公园管理中心	事业单位	处级	辽宁·沈阳市城市建设管理局

续表

序号	遗产名称		管理机构	机构性质	机构级别	主管部门
19	皖南古村落	西递	黟县西递旅游服务公司	企业	—	安徽·黟县西递村民委员会
		宏村	黄山京黟旅游开发有限公司	企业	—	安徽·黟县政府、中坤集团
20	云冈石窟		云冈石窟研究院	事业单位	处级	山西·大同市文物局
21	高句丽王城王陵及贵族墓葬	集安	集安市文物局	职能部门	科级	吉林·集安市政府
		五女山城	五女山山城管理处	事业单位	股级	辽宁·桓仁县文物管理局
22	澳门历史城区		澳门文化局	职能部门	—	澳门特别行政区政府
23	殷墟		殷墟管理处	事业单位	副处级	河南·安阳市文化广电新闻出版局
24	开平碉楼与村落		开平市文物局	职能部门	副科级	广东·开平市文化广电新闻出版局
25	福建土楼		永定区文物局	职能部门	副科级	福建·永定区文体广电新闻出版局
			南靖县土楼管理委员会	派出机构	科级	福建·南靖县政府
			华安县土楼管理处	事业单位	科级	福建·华安县文化体育局
26	五台山		五台山管理局	派出机构	处级	山西·忻州市政府
27	登封"天地之中"历史建筑群		港中旅（登封）嵩山少林文化旅游有限公司	企业	—	香港中旅国际投资有限公司，登封嵩山少林文化旅游集团公司
28	元上都遗址		元上都遗址文物事业管理局	职能部门	科级	内蒙古·正蓝旗政府

序号	遗产名称	管理机构	机构性质	机构级别	主管部门
29	庐山	庐山风景名胜区管理局	派出机构	副厅级	湖北省政府
		星子县文物保管所	事业单位	股级	湖北·星子县政府
		湖口县旅游总公司	企业单位	—	湖北·湖口县政府
		东林寺、西林寺管理委员会	事业单位	股级	湖北·九江市庐山区宗教事务局
30	杭州西湖	杭州西湖风景名胜区管理委员会/杭州市园林文物局	职能部门	副厅级	江苏·杭州市政府
31	红河哈尼梯田	红河州梯田管理局	派出机构	副处级	云南·红河州住房和城乡建设局
32	泰山	泰山风景名胜区管理委员会	派出机构	副厅级	山东·泰安市政府
33	黄山	黄山风景区管理委员会	派出机构	厅级	安徽·黄山市政府
34	峨眉山—乐山大佛	峨眉山—乐山大佛风景名胜区管理委员会	派出机构	处级	四川·乐山市政府
35	武夷山	武夷山国家级自然保护区管理局	事业单位	处级	福建省林业厅
		闽越王城博物馆	事业单位	副处级	福建省文化厅
		武夷山风景名胜区管理委员会	派出机构	副处级	福建·武夷山市政府

同一世界文化遗产地的管理机构兼有双重管理的组织形式,一身而二任。周口店北京人遗址管理处、周口店北京人遗址博物馆,世界文化遗产平遥古城保护管理委员会和平遥县文物局,武当山旅游经济特区管理委员会和武当山风景区管

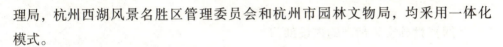

理局，杭州西湖风景名胜区管理委员会和杭州市园林文物局，均采用一体化模式。

（二）世界文化遗产的管理层级

管理层级与资源配置、管理能力、管理效率成正比，管理层级越高，资源配置越多，管理能力越强，管理效率越高；反之亦然。

（1）隶属关系。省级（含文化部、副省级市政府）政府及其职能部门管理的世界文化遗产管理机构占22%；市、县级政府及其职能部门管理的世界文化遗产管理机构分别占33%、37%。由此可见，中国大多数世界文化遗产地隶属于市、县级政府管理，管理层级偏低。

（2）管理机构级别。厅级（含部级、副厅级）以上世界文化遗产管理机构仅占10%；处级（含副处级）、处级以下遗产管理机构分别占50%、40%，管理级别偏低。

（3）主管部门。文物（文化）部门和地方政府是世界文化遗产地管理机构主管部门的主体，分别占35%和54%；园林部门、城建部门和宗教部门仅占11%。

（4）主管部门的行政级别。省级（含文化部、副省级）主管部门仅4家，占6%；厅级（含副厅级）主管部门占43%；处级（含副处级）、科级主管部门分别占32%、19%。由此看出，世界文化遗产地管理机构的主管部门行政级别一半以上是处级以下，其资源整合、专业指导和事务协调努力必然受到很大制约。

（三）世界文化遗产的机构性质

（1）管理机构性质。属于事业单位、行政机构的世界文化遗产管理机构分别占75%、24%。这反映了中国世界文化遗产管理机构大多以公共服务为主要目的，不具备强势的行政组织协调能力，对于来自地方政府的行政权力干预难以抵挡，导致被动地接受地方政府的领导和其对遗产资源的统一调配和利用。

（2）财政拨款性质。全额拨款、差额拨款、自收自支的世界文化遗产管理机构分别占46%、19%、35%。世界文化遗产管理机构多数靠自筹资金解决日常管理费用，在经济效益目标的压力下，必然影响到世界文化遗产机构对专业保护的日常性、持续性及平衡性。

（四）世界文化遗产的内设部门

在文博事业单位型世界文化遗产管理机构中，博物馆的内设部门偏重于设立公共服务部门，例如社教部或展示部；文物管理处和研究院的内设部门对文物保护部门设置有所加强。在政府职能部门型遗产管理机构中，内设部门偏重于下设执行部门进行行业管理，文物管理处或博物馆进行日常管理和遗产监护。在公园型遗产管理机构中，内设部门偏重于设立园林部门和讲解接待部门。

在风景名胜区管委会型遗产管理机构中，内设部门偏重于旅游服务和经营开发部门；一般也设立遗产管理部门或文物保护部门，但管理职责和人员经费的配置都有待加强。在企业特许经营型遗产管理机构中，内设部门按照企业管理和经营开发的需要予以设置。

二、世界文化遗产管理机构的特征

（一）较高的机构水平

世界文化遗产管理机构的行政级别平行甚至高于同级政府的主管部门的行政级别是常态特征。隶属于市级政府及职能部门管理的世界文化遗产管理机构，其中处级以上管理机构超过80%；隶属于县级政府及职能部门管理的世界文化遗产管理机构，其中科级以上管理机构约占70%。敦煌研究院是厅级事业单位，而业务主管部门——甘肃省文物局为副厅级事业单位。钟祥市明显陵管理处是副处级事业单位，而钟祥市文化体育局为科级行政机关；为解决干部待遇问题，历任钟祥市文化体育局局长兼任明显陵管理处处长。清西陵文物管理处，是河北省易县政府直属的副处级事业单位。

（二）加强准政府职能

杭州西湖风景名胜区管理委员会（杭州市园文局）是代表市政府在其管辖区域内实施统一领导、统一管理，全面负责西湖风景名胜区的保护、利用、规划和建设的市政府派出机构。既管遗产事务，又管经济、社会事务；下设人事社会劳动保障局、文化局、财政局、风景管理局（环保局）、规划建设局（房产土地局）、经济社会发展局、法制办（司法局）、绿化处、文物处等较为齐全的职能部门，托管西湖街道。

泰山景区党工委、管委会是泰安市委、市政府委派的副厅级管理机构，对景区范围内的经济、行政、社会事务实行统一领导和管理，把泰山景区周围一个乡十三个行政村（居）划归泰山景区统一管理；设立法制办、人事劳动局、财政局、规划建设土地局、卫生环保局、农林局、经济发展局、社会事业局、安全监管办，分别负责景区的各自业务领域；实行准一级财政管理，统管景区财政工作。

三、世界文化遗产管理机构面临的问题

（一）管理思想

人类社会对于文化遗产的保护和管理如果仅仅根据传统概念、传统管理思想和传统制度来进行的话，那是远远不够的，就目前情况来看人类社会对于文化遗产概念和遗产保护理念的认识还在不断地拓展和深化。与此同时，文化遗产管理理念也发生了转变，一方面是由偏重于保存，转变为保存与利用并重，另一方面是文化遗产的服务对象由过去少数人享用，转变为全社会乃至全世界共同享用。这样看来文化遗产事业不仅是文化问题，也是经济问题。经营开发问题、市场利用问题、非营利制度问题和经济社会发展的关系问题均成为现代文化遗产的管理主题。

随着世界文化遗产使命的扩张，其利益相关者的范围也不断扩大，协调利益相关者间的关系，满足主要利益相关者的合理权益要求，对于次要利益相关者要合理对待，这逐渐成了世界文化遗产管理的核心内容。世界文化遗产要实现长期可持续发展，必须树立利益相关者管理的理念，要推动管理理念由传统理念向利益相关者理念转变，即在目标管理方面由单一目标向多重目标转变，要追求经济效益、社会效益和遗产保护的共同实现；从看家管理到经营管理，要求管理者不仅要考虑组织内部的工作，还要考虑组织的外部环境、长远目标及资源优化配置；从技术性管理到冲突管理，与利益相关者进行协商与沟通逐步成为遗产管理的重要内容。

（二）管理能力

遗产管理能力是复合型综合能力，包含诸如制度建设、遗产保护、旅游管理、社区协调、外部沟通、学习创新等方面，而中国在文化遗产管理机构方面面

临的普遍问题就是能力不足。由于中国在世界文化遗产管理方面普遍实行属地管理原则，遗产地的行政级别又制约着文化遗产的管理水平，所以导致遗产品位与遗产管理能力不对等，在中国，一流的文化遗产对应的不是一流的管理能力，面临的可能是二流甚至是三流的管理，在遗产规划、保护、展示、利用等方面与全球性价值和世界级品位均存在相当大的距离。

中国世界文化遗产地多数由市、县级政府进行管理，管理层次偏低，难以承担保护管理世界文化遗产的责任和义务，中央决策部署在执行落实中难免出现误差、遗漏的现象。

（三）管理水平

遗产保护的专业机构不健全、专业人才匮乏。遗产地管理机构内设部门偏重于综合管理和旅游服务、经营开发部门，专门性的遗产保护机构和监测机构比重偏少，遗产保护专业技术人员更是匮乏。以丽江古城为例，世界文化遗产丽江古城保护管理局的综合管理部门有办公室、综合管理科、财务科，遗产管理部门有保护建设科、文化保护科、监察执法科，下设遗产监测中心、古城维护费征稽支队（事业单位）、综合执法监察支队（事业单位）和丽江古城管理有限责任公司。这算是中国世界文化遗产地管理机构相对合理的配置情况，其他的差距更大。

（四）管理制度

中国世界遗产保护管理的法律制度尚不健全，没有适用于世界遗产工作的专门法律，无法可依与有法不依现象并存。在实际工作中，世界文化遗产地管理机构只能参照国际公约和文物保护、城市规划、环境保护、国土资源、森林保护、旅游发展法律相关规定开展工作。中国世界文化遗产地管理体制中，行政管理是主体，相关制度建设较为系统；社会力量仍然是辅助性、参与性、营利性的。

第三节 管理效能提升路径

中国世界文化遗产保护面临的主要问题是如何实现更为有效的保护管理。世界文化遗产地的管理体制应"以价值为基础",致力于保护其突出的普遍价值及相关特征的真实性以及完整性。每个遗产地都需要在保护管理体制的大框架内制定管理规划,确保遗产地综合、一致的管理。

一、中国世界文化遗产的管理责任

根据《实施世界遗产公约的操作指南》的要求,签约国家需要制定合理规划,对国内的文化遗产进行相关资格评定的评审机制。并且对文化遗产资格申请做出归类,根据文化遗产的特点、文化环境、自然环境进行评估分类,根据现有的文化保护措施进行文化遗产保护的规划,对其文化保护措施的相关措施进行跟进和短、中、长期的记录。对文化遗产保护措施的相关提议进行核查和评估,建立相关的监测和风险保护措施。

签约国家需要与相关部门和人员进行协调合作,与文化遗产产地管理人员、管理机关和相关文化产业管理运行人员进行合作,使得文化管理制度的运行更为高效。在规划管理的过程中,要从整体的观点出发,制定可长期发展的保护管理机制,并且维持文化遗产的特色性。综合周围的环境,对周围的文化发展进行有机结合。

可长期发展的文化遗产保护管理机制包括:对各方机制的有机结合,全面理解文化遗产的价值;成熟的规划、评估、监测反馈机制;对于文化遗产的发展前景的评判机制;对于文化遗产保护过程中产生的问题反馈调节机制;参与各方的调节机制;运营管理过程中透明可信。

二、中国世界文化遗产管理的法律制度要求

（一）法律法规的管理要求

（1）文物管理职责的划分。《中华人民共和国文物保护法》第八条对政府主导、条块结合、分级负责、属地管理的文物管理体制做出规定：国务院文物行政部门主管全国文物保护工作。地方各级人民政府负责本行政区域内的文物保护工作。县级以上地方人民政府承担文物保护工作的部门对本行政区域内的文物保护实施监督管理。县级以上人民政府有关行政部门在各自的职责范围内，负责有关的文物保护工作。第九条规定：公安机关、工商行政管理部门、海关、城乡建设规划部门和其他有关国家机关，应当依法认真履行所承担的保护文物的职责，维护文物管理秩序①。

《长城保护条例》明确规定，国家对长城实行整体保护、分段管理。国务院文物主管部门负责长城整体保护工作，协调、解决长城保护中的重大问题，监督、检查长城所在地各地方的长城保护工作。长城所在地省、自治区、直辖市人民政府主要承担五项职责：第一，应当对本行政区域内的长城进行调查，并报国务院文物主管部门认定长城段落；第二，应当按照长城保护总体规划的要求，划定、公布本行政区域内长城的保护范围和建设控制地带；第三，应当设立长城保护标志；第四，应当建立本行政区域内的长城档案；第五，应当为本行政区域内的长城段落确定保护机构。长城所在地县级以上地方人民政府，负责本行政区域内的长城保护工作，应当将长城保护经费纳入本级财政预算，落实保护措施。

（2）文物管理机构的建立。根据《中华人民共和国文物保护法》相关规定，文物管理机构要做到以下几点：各级文物保护机构需对区域内的世界文化遗产进行登记备案，对世界文化遗产保护管理工作进行跟进和记录，并且由相关人员进行管理。《中华人民共和国文物保护法实施条例》第八条规定：全国重点文物保护单位和省级文物保护单位自核定公布之日起一年内，由省、自治区、直辖市人民政府划定必要的保护范围，做出标志说明，建立记录档案，设置专门机构或者指定专人负责管理。设区的市、自治州级和县级文物保护单位自核定公布之日起一年内，由核定公布该文物保护单位的人民政府划定保护范围，作出标志说明，

---

① 彭跃辉. 中国世界文化遗产保护管理研究［M］. 北京：文物出版社，2015.

建立记录档案，设置专门机构或者指定专人负责管理。

《中华人民共和国文物保护法实施条例》第十二条规定：古文化遗址、古墓葬、石窟寺和属于国家所有的纪念建筑物、古建筑，被核定公布为文物保护单位的，由县级以上地方人民政府设置专门机构或者指定机构负责管理。其他文物保护单位，由县级以上地方人民政府设置专门机构或者指定机构、专人负责管理；指定专人负责管理的，可以采取聘请文物保护员的形式。

（二）部门规章的管理要求

（1）职责划分方面，关于世界文化遗产保护管理的职责需要进行明确的划分。根据《世界文化遗产保护管理办法》的要求，国家文物局要对全国的文化遗产进行保护管理，需要解决协调相关问题，监督相关工作的进行情况，各级政府机关要对本地区内的文化遗产进行合理规范，依法行政，落实相关政策制度，对文化遗产保护管理工作的实行进行监督和指导。

（2）关于政府对于文化遗产产地的责任管理方面，根据《世界文化遗产保护管理办法》的相关要求，管理部门需要遵循六条相关规定：第一，省级人民政府需要对得到认可的世界文化遗产进行说明与标注；第二，省级人民政府需要对世界文化遗产进行跟进和备案，并且由文物局进行管理；第三，省级人民政府需要明确规划世界文化遗产保护职能并进行具化分级，建立相关保护机构；第四，省级人民政府应当对列入《中国世界文化遗产预备名单》的遗产保护管理工作中存在的问题提出整改措施，限期改进保护管理工作；第五，省级文物主管部门需要对世界文化遗产产出地进行实地考察；第六，省级文物主管部门需要对世界文化遗产保护管理工作过程中可能会发生的问题和事件，按照相关规定和法律进行解决。

（3）世界文化遗产保护机构的管理责任。世界文化遗产保护机构应当对世界文化遗产进行日常维护和监测，并建立日志。发现世界文化遗产存在安全隐患的，保护机构应当采取控制措施，并及时向县级以上地方人民政府和省级文物主管部门报告。

（4）持证上岗的管理制度。世界文化遗产保护机构的工作人员实行持证上岗制度，主要负责人应当取得国家文物局颁发的资格证书。

（三）规范性文件的管理要求

（1）部门管理的责任划分。根据国务院授权赋予国家文物局的主要职责规定，国家文物局负责世界文化遗产保护和管理的监督工作，组织审核世界文化遗产申报，协同住房和城乡建设等部门审核世界文化和自然双重遗产申报；对于风景名胜区的规划、指导和实施，需要通过中华人民共和国住房和城乡建设部拟定。其工作内容主要是对相关风景区的合理合法性进行审批和管理，对世界自然遗产的申报进行管理，与相关部门合作进行自然与文化双重遗产申报的审核，对历史文化名城或地区进行保护和工作监督。

（2）管理体制的规定。国务院办公厅《关于加强我国世界文化遗产保护管理工作的意见》，第一次明确阐述各级政府的责权划分和侧重点，强化各方管理责任，具有很强的针对性，其基本方向和工作思路是正确的。

建立世界文化遗产保护管理部际联席会议制度，以解决相关文化遗产保护问题，例如，审定文化遗产资格、规划文化遗产的保护方式、调节文化遗产保护过程中的重大问题等。其管理日常工作的部门是国务院文物行政主管部门，其工作内容是管理和监督世界文化遗产的保护工作。国务院各部门，如国土资源部门、旅游规划部门、环境保护部门、公安部门、教育部、外交部等，也需要根据相关法律条例，对文化遗产保护管理进行规划，对文化遗产实行区域内的实体资源的行业化管理。国家文化遗产保护是由国家文物局来实行的，文物局建立了世界文化遗产保护体制，包括专家咨询机制和专业化的监测和巡视制度，会定期对世界文化遗产工作进行监督检查，对专项法律法规的执行情况进行检查。

区域内如果存有文化遗产，则省级人民政府需要主导文化遗产的保护工作，协调文化遗产保护管理问题，同文化遗产保护管理机构一起加强文化遗产保护的工作力度，监督文化遗产保护管理机构的工作。当文化遗产保护管理制度力度不够、管理混乱、对文化遗产造成了人为的损坏时，省级人民政府可以对县级人民政府进行工作指导，也可以由相关部门进行监督，或者直接对文化遗产进行保护和管理。相关的政府部门要摆正工作态度，坚持科学决策，依法行政，并且明确职责，层级分工，确保有责可循、有法可依，确保各个部门都有事可做，能够及时解决文化遗产保护管理中出现的问题和隐患，并且在工作过程中保证不违法违纪。

三、中国世界文化遗产管理的立法要求

有效的管理来自两个方面的保障：第一，组织形式；第二，管理方式。我国世界文化遗产的管理组织形式是要根据具体的文化遗产进行制定的，要进行多方的考虑，符合当时的经济发展水平和管理体制的宏观环境。其中管理方法、管理措施和社会宏观文化背景都是制定文化遗产管理方式需要考虑的因素。中国的文化遗产管理方针必须同国际世界文化遗产方针相结合，在保护我国文化遗产的同时，也要探索国际文化遗产的管理方法，汲取管理优点，做到有效管理和可持续性发展，创新遗产管理方式。

（一）阐明文化遗产管理在世界文化遗产管理中的作用

根据精简效能的原则，对决策、执行、监督过程进行制约和协调。政府要始终明确其职能，优化政府组织结构，进行简政放权，进一步完善世界文化遗产保护管理机制，规范相关机构的工作程序。研究探讨成立国家文化遗产局的可行性，合理界定政府部门职能，明确部门责任，确保权责一致。理顺部门职责分工，坚持一件事情原则上由一个部门负责，明确多个部门管理的事项，明确牵头部门，分清主次责任；探索走单一部门主管之路，在文化遗产景区成立执行政府职能的管理机构（局、处），对景区实行综合管理，统一规划和监督保护，避免多头干预。各文化遗产地应形成统一的管理组织网络和管理机构，承担相应的管理职责，进行管理决策、监督政策落实，充当遗产单位管理绩效的裁判者，成为遗产单位重要的财政支持者。

针对目前"条块结合，以块为主"的世界文化遗产管理体制，以及地方政府"重开发、轻保护"的现象，应明确和加强更高层次文物行政部门的指导、管理和督察的约束能力，强化中央职能部门之间的协调能力，加强对"块"的指导、管理和约束，提升文物行政部门对世界文化遗产地的保护管理权威性，约束、引导地方政府"重开发、轻保护"的倾向。发挥国家文化遗产保护领导小组及其办公室的作用，建立科学的世界文化遗产保护管理机制，深入研究文化保护管理工作的建设，协调解决相关的重大问题，监督和协助相关部门的文化遗产保护管理工作。这样就可能建立与国际遗产保护体系相对应的、统一规范的国家组织管理机构，加强与国际保护机构相衔接的组织能力。建立健全有效的部门间、地区间、机构间协调配合机制，使遗产地保护的规划编制、项目审批和遗产

管理协调衔接，以提高管理效率和保护利用水平。文物管理机构需要根据现实情况进行合理调节，灵活运用自身职能，扩大对世界文化遗产保护管理工作的监督和指导。

（二）提高世界文化遗产管理水平

除对市、县级地方政府申遗积极性方面的影响尚待评估外，提升世界文化遗产地的管理层级，于法有据，整体上利大于弊。依据《中华人民共和国文物保护法》，全国重点文物保护单位保护管理的主要责任由省级人民政府承担。中国世界文化遗产核心部分为古建筑群、石窟寺石刻、古遗址、古墓葬等遗产类型，大多是全国重点文物保护单位，为实行统一管理提供了有利条件。

世界文化遗产所在省级政府可建立世界文化遗产保护管理协调机制，在省级文物行政部门下设世界文化遗产监测机构，加强对世界文化遗产所在地管理机构的指导、督促、监察。针对由县级政府设立的遗产管理机构，对于管理不善、问题较多、跨地区跨部门、管理级别较低的遗产地，例如开平碉楼与村落、福建土楼，可探索由省级政府指定的机构负责统一管理，管理机构主要负责人员的任命应征得省级文物行政部门的同意，主要业务的开展应在省级文物行政部门和市县级地方政府的双重领导下进行。

延续和完善条块结合、属地管理为主的世界文化遗产管理体制，在积极探索建立省级直管世界文化遗产地的试点管理机构模式的基础上，加大市级政府对世界文化遗产地的管理责任，积极支持逐步建立市级政府直管的世界文化遗产地管理机构。这是最为现实的管理组织形式变革途径，是符合中国国情和经济转型时期社会经济发展要求的现实选择，也是同一行政区域能够快速实现资源、机构、人员整合的最优选择，改革阻力和实施成本相对较小，组织基础相对成熟易行。行政管理体制的变迁是多种力量长期发展和博弈的一个过程。而提升世界文化遗产地垂直管理模式有三个前置条件：第一，明确的使命、完善的法律和必要的财政保障；第二，清晰的土地权属；第三，营造积极的公众参与氛围，落实公众决策。使得决策更为科学，但是不能盲目进行垂直管理，这样会增加国家的财政负担，减少决策的科学合理性。

提升世界文化遗产地管理机构的行政级别，是改善其发展形象、加强其协调能力、减少其行政干预的有效措施。世界文化遗产地的体量大、范围广，在环境整治、保护维修工作中，需要规划、城建、园林绿化、旅游等多个部门的沟通配合，由于这些相关部门管理层级普遍高于文化遗产地管理部门，因此在沟通协调过程中一旦触及各自的部门利益就需要有较好的解决措施。

（三）建立世界文化遗产管理标准

中国历史悠久，文化多样，源远流长，中国的文化遗产种类繁多，各具特色，实现我国文化遗产的分类分级，是现在保护文化遗产的当务之急。管理系统中应包含相应的管理制度、文化遗产的明确管理条例、制定明确的管理标准、文化遗产商业化的营销体系，以及监测文化遗产开发的环境、质量、旅游前景的监测体系和关于文化资源的利用周期调节制度。遗产地管理质量标准应以遗产的真实性和完整性保护为核心，主要包括遗产地基础设施建设与管理标准；坚持绿色服务，遗产地旅游原则与方案应严格执行"景区游，区外住"的原则，应使遗产旅游路线和旅游服务设施对遗产及其环境的影响最小；逐步建立一套在遗产规划、遗产监测、遗产养护方面科学有效的指标设置、数据收集与技术分析机制。

（四）实施世界文化遗产的集中管理

实施世界文化遗产的集中管理，要求政府部门理解文化遗产管理体制。认清部门职责，主动承担责任，才能够达到科学管理文化遗产的目的。相关的管理措施需要专业化的职业人士来执行，需要有统一的管理手段和有体系的管理部门。这样才能够对世界文化遗产进行科学开发、合理保护、可持续开发和文化的再发展。按照真实性和完整性的基本要求，加强世界文化遗产区域的统一管理，力戒遗产区域的分割管理，逐步实现一个区域一个机构管理、一个部门主管，达到政令畅通、管理有效、秩序井然。

（五）加强对世界文化遗产管理的法律支持

构建世界文化遗产管理的法律、政策环境。为有效开展世界文化遗产地管理工作，必须赋予其有力的法律武器，使遗产地管理机构有法可依、依法管理。关于文化遗产的法律法规应该包括文化遗产的管理制度、文化遗产的机构设置、社会各方对于文化遗产的责任和义务，以及具体的文化遗产管理措施和相关具体办法，例如：文化遗产范围的划分和保护、实施措施的资金来源、违章违法处罚、社会公民及当地居民的保护责任等具体内容；并且需要将文化遗产的使用功能具体化，将文化遗产企业化、规模化管理。

对这些问题的解决仍缺乏具体且明确的法律依据。如"中国世界文化遗产保护条例"之类的文化保护管理法律法规的制定，就是我国急需的。这样才能使文化遗产保护管理工作顺利进行，让政府和相关部门有法可依，也为文化遗产保护管理工作的进行提供法律保障。世界文化遗产地所在的地方政府应制定相关的地方性法规，进一步明确遗产地管理机构的职权，赋予其一定的执法权，或规定相关执法机构如何与遗产地管理机构密切配合，让文化遗产发源地建立的相关管理机构，对各种危害文化遗产的行为进行有力的约束和有效的遏制，确保世界文化遗产不受损害。

（六）促进社会参与世界文化遗产管理的措施

将利益相关方、社会参与置于文化遗产管理的关键地位，已经成为国际文化遗产保护的重要趋势。世界文化遗产地可持续发展战略实施和政策执行完全依靠自上而下的结构调整和行政管理是不够的，只有利益相关者、企业、社会组织、公民充分认识到问题的重要性和严峻性，遵从公约、法律和政策的规则，承担自身责任并积极主动参与，才能实现真正意义上的文化遗产管理。

研究制定社会力量、社会资本参与遗产管理的优惠政策和具体措施，推动遗产管理主体由以国家和各级政府为主转向各级政府、社会组织、当地社区及居民、咨询机构及专家、公民等多元主体相结合的共同管理；文化遗产管理是一种单项的行政行为，是由命令到服从的行政行为，各个参与个体和主体之间会进行协商决策、多方合作管理、透明民主的管理，依法守法地进行管理活动；对文化遗产管理制度进行改革，管理秩序由强制性秩序管理转变为强制性秩序管理和自发性秩序管理并重的管理制度；进行简政放权，将文化保护管理权力由中央向地方和人民转变，由政府的集中管理转变为由社会和人民民主管理；将文化保护管理的重点转向社区和居民；管理的相关政策制定需要进行公开透明化，多方参与，科学、民主、依法决策。建设职责层次明确的监督体系，合理发挥社会公众和媒体的舆论监督职能，发挥国际组织、中央政府的相关职能。

第四章

世界文化遗产的保护与监测

保护与规划为管理世界文化遗产提供了法律方面的支持，也是政府部门统筹管理世界文化遗产的有利措施。同时世界文化遗产的监测也是重要的一部分。本章主要围绕保护规划与工程、环境整治与保护理念的重构、世界文化遗产监测机制、中国世界文化遗产监测实践与监测能力提升路径展开论述。

第一节　保护规划与工程

一、保护规划的原则与存在的问题

（一）保护规划的原则

（1）加强规划法规标准建设。完善法定化、规范化的规划编制机制，明确规划编制的目标、内容、流程。统筹考虑不同区域、不同类型遗产保护和环境控制，对保护、建设、利用、开发项目进行法定规范和有效控制；注重遗产本体、历史风貌、人文环境和生态环境的整体保护。建立规划编制程序和环节的倒逼机制，缩短规划编制时间。①

（2）提高规划编制质量。建立遗产地总体规划的协作、共享、平衡、衔接机制，能合并的合并，不能合并的做好衔接，发挥规划作用。

（3）按照逐级有序落实责任制以及监督机制，确保规划措施严格实施。将文化遗产的保护规划作为中心任务，并按照层级制度分解该任务，然后制定推进计划，根据计划落实责任主体，保障经费供给，最终按照绩效考核完成任务。在执行过程中要落实问责制度，省级以上政府文物主管部门要制定相应的规划评估制度，随时检查规划进展状况。

（二）保护规划存在的问题

世界文化遗产保护规划中存在的问题主要有以下四个：

（1）编制周期较长。世界文化遗产保护规划的研究、立项、编制、评审、审批、公布、评估、实施环节涉及不同层级的政府主管部门，再加上行政公文运

---

① 西村幸夫，杜之岩. 历史、文化遗产及其背后的系统——以世界文化遗产保护为中心 [J] . 东南文化，2018，（2）：119 – 123.

转程序的规范复杂和规划项目承担单位的编制水平不一，保护规划编制周期过长是一直存在的问题，短则1~3年，长则10年以上，这明显滞后于规划管理的实际需要，规划尚未公布实施就已经失去了说服力。

同时由于保护规划的法律地位不明确，规划具体标准很模糊，规划编制机构不健全，勘察测绘和规划设计人才相对匮乏，世界文化遗产保护规划编制质量参差不齐，部分规划编制专家的社会兼职过多，规划文本评审通过率不高，导致保护规划编制周期过长。

（2）规划质量不一。由于对世界文化遗产的突出的普遍价值及其周边环境评估研究不够，遗产区和缓冲区边界划定偏小，有些重要的环境景观要素未能包含在保护范畴之内，无法确保文化遗产的真实性和完整性；与全国重点文物保护单位保护规划、风景名胜区保护规划、旅游发展规划、城乡建设规划、经济社会发展规划及相关规划衔接不充分；部分世界遗产保护规划的分阶段实施计划和保障措施不够具体，缺乏可操作性以及可执行性。

（3）缺乏执行机制。世界文化遗产的资源管理分属各级政府不同行业的主管部门，都要求编制不同性质、不同目标的规划。世界文化遗产保护规划编制应当如何与相关的经济社会发展、城乡建设、旅游、风景名胜区、环境保护、土地利用等各类专门性规划以及文物保护工程方案相衔接，尚待深入研究和实质推进。由于规划目标不一致，必然导致规划重叠、矛盾，增大规划编制的人力、物力、财力成本及实施难度。遗产保护规划缺乏区域经济社会发展规划、城乡建设发展规划的程序和机制，再加之遗产地政府及管理机构的经济利益偏好，规划实施主体不明确，规划实施动力不足，规划实施监督不到位，规划实施效果不明显；个别地方政府和遗产地管理机构擅自改变规划，危及遗产安全。①

不同类型的世界文化遗产保护规划的公布程序和公布机构不规范，其法律效力和法律效果也是千差万别的。世界文化遗产保护规划有的是由省级政府公布实施，有的是由遗产所在地方政府或人大常委会公布实施，有的是由遗产地主管部门或管理机构公布实施。

世界遗产保护规划管理主体的多重性，导致规划实施的指导、监督机制难以达到扁平化。规划编制是专业技术机构，规划审定是国家文物局，规划颁布是省

①　黄雨，魏坚. 元上都世界文化遗产保护与展示刍议［J］. 内蒙古社会科学，2015，36（6）：49－53.

级人民政府，规划实施是遗产地人民政府及其管理机构，规划实施的职责履行不明晰，督促、督察责任难以落实，实施成效大打折扣。

（4）社会参与度低。规划是一个世界文化遗产的无形资源。规划集结遗产地不同利益主体之间的矛盾，考验规划师的智慧和能力。一个优秀的世界文化遗产保护规划应该是政府意见、规划技术和居民意愿的有机结合，应该是政府能力、规划水平和居民智慧的科学集成。而世界文化遗产保护规划是由遗产地人民政府及其管理机构主导，缺乏与相关政府职能部门的协调互动机制，缺乏与当地居民的沟通反馈机制，直接导致规划实施缺乏相关政府职能部门和当地居民的理解与支持，科学有效的社会支持系统难以全面构建。

二、保护工程及其存在的问题与提升措施

世界遗产在申报成功后要进行有效维护。对世界遗产的保护和管理工作要使其具有普遍价值和保真性及完整性，这些都是在其被收录到世界遗产名单后应该做到的。坚持真实性、完整性、可读性和可持续性，是确保世界文化遗产安全的基本要求。

随着中国综合国力的日益增强和中央政府对遗产保护的高度重视，中央财政文物保护专项资金投入逐年持续快速增长，为世界文化遗产保护工程的顺利开展提供了重要的物质基础。实施世界文化遗产保护工程，抢救保护了一大批重要遗产，密切了遗产保护与当地居民的关系，促进了遗产地文化建设和经济社会发展。2017 年，非物质文化遗产保护成为国民经济和社会发展的内容之一，在国务院年度工作计划、"十三五"时期各领域发展改革规划及其他国家文件中多次出现，受重视程度和支持力度不断加大。

（1）世界文化遗产的保护项目。中国国家文物局指导地方政府及遗产地更加注重推进实施全面排除险情和隐患的遗产保护工程，更加注重推进在勘察设计、本体修缮、文物修复、安全防范、展示利用、环境整治上的整体保护。

（2）世界文化遗产保护的重点工程。中国国家文物局在对遗产价值、工程规模、项目团队、经费投入、社会影响的评估基础上，指导各地实施了一系列世界文化遗产保护重点工程，从中培育、发现成功做法和典型范例，以示范引领全国世界文化遗产保护工作。

第一，保护长城工程。为了加强长城管理，需要在调查摸底的基础上制定发展规划、建立健全法律体系、进一步理顺管理机制、加大宣传力度、强化调研、

注重科学维修、严格执法并监督落实及确保有充分经费等，这些措施都是为了保护长城而实施的。同时还要针对长城资源进行充分调查，以此为基础形成专门的长城保护措施，制定长城总体规划，形成文物档案，在制定保护长城具体措施时，要区分保护范围及建设控制地带，以此确保长城能够按照有关规划进行保护。

第二，西藏地区的布达拉宫和罗布林卡及萨迦寺重点文物保护工作。将这三个文物作为国家重点文化建设工程是中央确定的重大方针政策，也是强化西藏文化建设和精神文明建设的重点项目，同时又是执行国家民族政策，维护安定团结和社会长治久安的战略决策。这三个重点文物保护工作要求技术水平高、难度系数大、维修工程复杂、规模宏大，需要投入的资金也非常多，开创了西藏历史上文物保护工作之最。

第三，对重庆重点文物大足石刻千手观音造像的保护工作。作为重庆的重点文物这座千手观音造像成立于我国南宋后期，大约有一千只手、眼睛及法器雕刻在仅仅88平方米的石崖上，这座宏伟的雕像集合了彩绘和雕塑及贴金三种形式成为一个整体，远看犹如孔雀开屏，非常壮观。国家文物局专门为大足石刻千手观音造像提出修复方案，中国文化遗产研究院、敦煌研究院和大足石刻艺术博物馆对大足石刻"千手观音"进行了历史上规模最大、最科学系统的一次修复工程，这也是中国石刻保护领域最大规模的一次多学科联合攻关。

第四，敦煌莫高窟重点文物保护工作。对敦煌莫高窟进行保护维修是该文物历史上涉及面最广，规模也最大的保护维修工程，它包括了四个分项目，分别是对设施进行巩固维修、加固莫高窟崖体、防护沙漠地带风沙工程及安全防护工程。

（一）保护工程及其存在的问题

1. 遗产的损坏

当前，中国世界文化遗产安全面临着一系列压力和挑战，例如气候变化、自然灾害、环境改变、经济建设、旅游发展等，形势十分严峻。必须看到在保护这些自然遗产和文化遗产时遇到的困难，一是由于年代久远因自然腐变而引起的损坏，不同社会发展时期由于经济状况的不同或是经济严重滞后而难以应对发生的破坏现象。二是由于遗产面临新的威胁或遭到损坏的规模程度较大，必须树立风险意识，提升研究、评估、管理和防控遗产风险的能力和水平。

（1）自然腐蚀。历史岁月造成的自然蜕变、风化损耗对世界文化遗产中古建筑、石窟寺石刻的影响与破坏是普遍存在的。随着工业化和城镇化进程的快速推进，环境污染特别是酸雨威胁日趋加剧，加之古建筑、石窟寺石刻长期处于日晒、风吹、雨淋的境况，其物理风化、老化、腐化的作用呈现长期发生的态势，历史建筑表层的油漆彩绘过早剥落、构件腐朽，石窟寺石刻岩体龟裂崩落。

（2）自然灾害。全球气候变暖及极端天气频发，地震、山崩、暴雨、水位变动、洪水、海啸等自然灾害，对中国世界文化遗产造成很大影响。

（3）人为破坏。近些年，新农村建设力度加大和城镇化规模进一步扩张及在改旧城建新城的过程中这些文化遗产也面临着保护困难的问题。城镇化的快速发展不断影响着遗产周边的环境，同时农村人口不断向拥有历史文化的城镇迁移，直接影响了城镇原有的面貌，改变了街道尺度和建筑密度，这对于城镇历史古迹的保护造成严重的不利影响。原来拥有古迹的村庄由于人口的迁移而变得人去屋空，原有的建筑由于没有得到及时维护而变得逐渐衰败。

在新农村建设过程中，由于缺少文物保护观念，传统的村落建筑遭到破坏，这对原来形成的人和环境和谐共处的格局造成不利影响。目前中国世界文化遗产保护受到的威胁是过度的遗产利用和失控的旅游开发。因旅游造成的城市化、商业化、人工化趋向，使得遗产的真实性和完整性受到挤压并消减，这也严重破坏了周边原有的生态平衡，极大冲击了这些遗产长期以来形成的普遍价值。

2. 任务烦琐及挑战严峻

中国世界文化遗产保护状况显著改善，但有效保护和永续传承世界文化遗产的突出的普遍价值及真实性和完整性仍是遗产保护面临的难题。由于历代久远，遗产结构性腐败及自然环境变化，并随着城镇化建设和新农村建设的快速推进，加之遗产旅游业的迅猛发展和景区商业化开发，使得遗产保护任务正面临着前所未有的多样性和艰巨性。

这些遗产只有依靠持续的保护才能发挥出最大价值。依靠历史文物寄托历史，必然要有遗产这个实体物质的存在，只有这样才能传承历史。目前我国经济发展正处于转型阶段，要实现现代化还需要一段过程，遗产保护必然面临着很多困难和挑战。

由于世界文化遗产保护管理问题的复杂性，对世界文化遗产的各种破坏性典型事件时有发生，影响范围较大，波及面广，受关注程度高，这给文物管理部门造成较大压力，但也为处理遗产保护问题提供了一些解决方案。

世界文化遗产地发生的新闻焦点事件大致可分为三类：第一，在开发过程中造成的破坏性影响，也就是在对遗产进行保护性开发过程中，由于工程项目没有按照相应规范操作致使环境及资源遭到破坏，而形成的负面后果。第二，在对遗产进行经营性活动过程中，由于经营不善或管理失误而产生的破坏性后果。第三，很多自然和文化遗产可以作为旅游资源向顾客开放，但是由于旅游管理不当或超出旅游接待能力，而对遗产造成的破坏性影响，甚至过度商业化，致使遗产受到严重破坏。

（二）保护工程的提升措施

世界文化遗产保护工程与区域发展、与当地居民的联系日趋紧密。遗产保护工程的成功实施，明显改善了遗产保存状况，提高了遗产资源的利用率和对推动经济社会发展的贡献率。

（1）建立包括世界文化遗产保护标准的管理准则。世界文化遗产是中国文化遗产的杰出代表，世界文化遗产保护工作应当对全国文化遗产工作发挥示范引领作用，应当要求更严格、标准更高、管理更规范。所以根据文化遗产和自然遗产的性质，建立相应的遗产保护规范，制定、实施既遵循国际规则又适应中国国情的保护管理准则，以规范引导遗产保护的各项管理工作。遗产地的主体建筑、遗迹的维修标准；遗产地管理机构的性质规定；遗产地管理人员的素质标准；遗产地开放的保护管理措施；遗产地旅游接待的服务要求，遗产地管理设施和服务设施建设的管理规定；遗产地商业设施的布局要求；遗产地周边传统环境的保护标准；遗产地外围景观的控制要求等，这些都应当研究制定明确具体的实施标准及工作规程。

（2）加强遗产保护工程科学研究。在进行遗产保护工作之前要做好前期市场调查，以便为科学保护、日常管理、制定规划、设计方案及实施保护措施做好准备，也为客观评估遗产价值、保存现状及保护条件提供参考。及时整理遗产保护分析报告，完整、真实地记录下来，并跟踪工程进展状况，总结经验，发现规律，并找出不足，以资借鉴。

（3）重视现代科学技术应用与传统工艺传承的有机结合。突出重点，以点带面，通过集成解决重大遗产保护工程中的关键技术问题，带动遗产保护工程质量的全面提升。充分发挥传统工艺、技艺与现代科学技术的各自优势，共同为遗产保护工程提供有力的技术支撑。

（4）建立世界文化遗产保护工程的检查监督机制。为落实世界文化遗产保护的管理准则，及时纠正遗产项目管理中的问题，有必要制定实施世界文化遗产保护状况的检查监督机制。省级文物主管部门负责本地区文物管理工作，实行属地管理负责本辖区自然和文化遗产的持续保护，重点监管较大文物工程项目的实施，首先设计保护方案从源头上强化管理，在项目施工时注重过程管理，验收时要严格把关，仔细审核资金使用状况和工程质量安全。国家文物行政部门要加大定期检查和不定期抽查力度，发挥专家巡视评估作用，及时评估、纠正和不断完善工程管理工作，真正实现工程管理的日常化、规范化与制度化。

第二节　环境整治与保护理念的重构

遗产在时空变迁中与之共同成长的环境，是一个息息相关的整体系统，环境整治很重要，遗产环境保护问题同样很重要。

一、环境整治

（一）环境保护的重要性

环境与遗产有着密不可分的关系，在一定程度上环境决定着遗产价值。两者息息相关，共同代表着一定时期内特有的历史内涵和艺术形式以及传统文化，是人类文明发展和大自然的有机结合，展示了历史发展的和谐过程，反映了人们在利用土地过程中所显示出的聪明才智，并创造出不同形式的美和特有的历史成就，继承和发展了人类文明的艺术成果、道德观念和民风民俗等。

在对遗产进行保护时要充分了解其周边环境特点，确定遗产与环境之间的内在关系，既要充分挖掘遗产的历史价值，同时又要保护环境健康可持续发展。所谓周边环境是以特定遗产为中心，能够延伸和发展其文化价值，体现其独特的历史信息和历史传承，并与周围环境能够和谐共处。它包含了自然环境和遗产的融洽关系，是对人类社会精神文明成果的继承和延续，也反映了特定历史时期的社会状况和经济形势。

在遗产保护中，对环境的要求会依照历史沿革、自然环境变迁、当代客观条件与社会条件的不同而不同，也会依照遗产本身所适应的价值标准的不同而产生技术上的差异。因此，对环境基础及相关控制标准的认知、界定和具体操作，需要多学科的合作研究和保护实践，需要不断地对此进行分析、总结和推广，需要在全球范围内从理论准则和量化标准两方面不断进行探讨、确认和更新。加强保护遗产本体及周边环境的原有特征，让遗产地决策者、管理者、居民和游客能够理解并感受遗产本体与周围环境的关联性及遗产本体在特有环境中存在的必要性，能够理解既要保护好遗产本体又要保护好周边环境。

在历史发展过程中，由于经济发展和自然以及人为灾害的影响，对文物保护造成一定影响。因此要采取适当措施对文物及其周边环境进行合理保护，以降低由此形成的不利因素的影响，从而在很大程度上保护遗产的完整性和真实性，以更好地体现文物价值。社会经济的发展和人们生活方式的改变会在一定程度上影响着历史文物的保护工作，而正确处理这些因素能够让文物发挥最大历史价值。

（二）环境整治存在的问题

遗产的创造者、遗产所产生的特定历史阶段和地理学意义上的地域空间与周边环境，是遗产内在价值的核心因素。遗产的主体性明确了遗产的归属性，遗产的环境性决定了遗产的文化性，遗产的传承性保证了遗产的延续性。因此，对遗产进行诠释就是遗产的实际主体和周边环境，对遗产进行保护就是保护遗产及其整体环境。

（1）对新城市化带来的遗产风险重视程度不深。2050年我国将成为民主、富强、和谐和文明的现代化强国，到那时伟大的中华民族复兴梦也将实现。而中国未来最大的发展潜力在于城镇化。全球化一直是以"现代化"的面孔展现在中国人民经济活动和社会生活的所有角落中，几乎所有的传统价值体系和文化范畴都在按照现代性基本发展方向的要求加以重建。随着新型城镇化号角的吹响，各类基本建设的强度和范围日益增大，世界文化遗产及其赖以生存的周边环境正面临着商业利用、过度开发、违规建设等"建设性开发""破坏性开发"带来的种种危机，甚至可能面临失控的危险，特别是在遗产集中、生态脆弱的中西部地区。

（2）遗产环境与文化生态遭到破坏。历史文物的发展与变迁和当代世界经济发展、政治进程以及文化脉络有着密不可分的关系。在 20 世纪，社会形势发生较大变化，尤其是中华人民共和国成立以来的现代化建设，使我国自然和文化遗产保护工作也受到了前所未有的影响，经济现代化因素改变着原有的生态面貌，同时也对遗产周边环境造成了一定程度的破坏。对此，各级政府及职能部门做出很大努力，拆除违章建筑、整治周边环境，严控遗产周边的基本设施，防止新的设施建设影响遗产整体环境。但随着现代化进程的持续加快和人民生活水平的不断提高，遗产地周边传统环境的"围城"现象呈现蔓延之势，造成文化传统和人文环境的断裂和消失。

（3）对环境整治的认识程度不深。世界文化遗产的周边环境整治是以整体保护为基础，体现出遗产、环境和人类生活的有机深层联系。遗产总是以其特有的方式处于一定的环境之中，遗产的周边环境同时也是人类居住的环境，必须适合人类的生活、居住，对遗产的周边环境整治必须兼顾人类的生活居住环境，切忌保"物"忘"人"。

有些遗产地环境整治沦为"面子工程"，热衷于环境清理、居民搬迁、新建设施、绿化美化，忽视了环境与遗产的有机关联性和历史传承性，忽视了环境在时空变迁中与遗产共同积累而形成的体现其突出的普遍价值和文化意义的特征和氛围，忽视了深入研究遗产环境与人类生活居住的内在联系性和统一整体性，忽视了或没有考虑到相互依存相互影响的人类生活居住的交融性和便利性以及社区居民的需求和利益，传统历史风尚遭到破坏，传统文化理念、地方特色、生活方式更难以保持和延续。如此的环境整治只不过是作为遗产的背景和外表装饰，并不是真正意义上的环境整治。

二、环境保护理念的重构

保护遗产是永不停顿、永不懈怠地在路上。这需要遗产价值的弘扬和保护理念的认同，更需要保护准则的规范和法律制度的保障。

（一）建设保护理念的制度

（1）缔约国有义务保护自然和文化遗产。从一定程度上说历史遗产是财富的象征。每一个有丰富遗产的国家都有义务对这些遗产进行严格保护，这也体现着国家在遗产传承和保护方面的担当。各成员国要采取切实可行的措施对遗产进行合理保护。为了历史文物能够得到持续维护和发展，缔约国应当尽力采取五项积极有效的措施：第一，实施一项将遗产保护工作纳入总体规划的总政策；第二，建立文化和自然遗产的保护管理机构，承担保护、保存和展示职责；第三，发展科学技术，研究遗产保护、保存和展示的技术方法；第四，制定实施适当的法律、科学技术、行政和财政措施；第五，建立国家或地区遗产培训中心①。

（2）世界遗产保护公约对文物保护工作的要求。对于已经列入遗产保护名单的历史文物要从立法角度和经济角度强化保护措施，让遗产文化得以不断发展。要从国家和地方两级立法层面建立相应的法律规范，加大文物保护力度，使文化遗产和自然遗产的真实性和完整性得以延续，各成员国要根据本国实际情况制定合理方案确保历史文物不因时代发展而遭到破坏。

（3）《世界文化遗产保护管理办法》的保护要求。部门规章《世界文化遗产保护管理办法》在保护规划编制、不可移动文物保护、文物保护单位、标志说明、保护记录档案、保护机构确定方面作出原则性规定。

（4）《中华人民共和国文物保护法》及其实施条例的保护规定。中国世界文化遗产保护应当参照和遵循《中华人民共和国文物保护法》《中华人民共和国文物保护法实施条例》《历史文化名城名镇名村保护条例》《长城保护条例》以及地方性法规、部门规章、国务院及国家文物局规范性文件、国家标准和行业标准对文物保护的要求。

（5）为了加强历史文物保护，针对遗产分布范围，我国制定了相应的遗产功能区规划方案。该方案明确要求世界历史文物重点区域禁止任何形式的开发利用。国家根据遗产周边的实际状况制定相应法律加强对文化和自然遗产的保护力度，禁止任何人为因素对文物保护产生的不利影响，确保遗产在最大程度上延续其完整性和真实性。要制定合理的政策让人口有序、合理迁移，采取科学措施在发展经济的同时注重环境质量建设，做到污染零排放，给文物保护工作提供一个健康可持续发展的环境，使文物的文化价值、历史价值以及科研价值能够真正体现出来。采取可行方案让文物保持原有状态。

---

① 李伟，俞孔坚. 世界文化遗产保护的新动向——文化线路 [J]. 城市问题，2005，(4)：7-12.

（二）基于立法理念的保护

每个国家都应在遵守国际义务的前提下，制订本国的遗产保护政策，并采取其认为最合适的行动方法，不管是在行动上给予支持还是制定必要的法律制度，来实施这一政策。文化遗产立法理念和立法模式一直在不断演进。中国特色遗产保护法律制度体系的立法理念需要与时俱进，正确处理保护与发展的关系，加强协调，使其逐步趋于完善。

（1）保护遗产价值。体现遗产价值是保护遗产的根本所在，凡是被列入世界遗产名单的文化和自然遗产都有着非常重要的历史价值以及突出的普遍价值。这些遗产都具有不同形式的现有价值和待开发价值，而保护其持续性显得特别重要。各成员国要采取措施防止对文化和自然遗产产生不利影响。让遗产价值得以真正体现是保护遗产的重要工作。在制定和修改遗产保护方案、价值评估方案、工程实施方案以及周边环境治理方案时都要以遗产持续健康发展为前提条件。只有做好遗产价值评估工作，才能做好科学规划，优化资源配置，从而达到保护与发展和衷共济的至上目标。

（2）基于遗产整体的保护。真实性和完整性，既是衡量遗产价值的重要标尺，又是保护自然遗产和文化遗产的重要根据。在让遗产拥有真实性和完整性的基础上，制定完善的保护方案，让遗产真正发挥其突出的普遍价值。遗产保护应当贯彻整体性的原则，从整体上加以认识，在整体上进行保护，既要重物，又重环境，更要重文化，统筹考虑文化遗产和自然遗产的保护、展示、利用和传承，统筹考虑遗产保护和环境整治、安消防工程、不可移动文物维修和可移动文物修复的有机结合，将遗产保护和当地经济建设以及人们幸福生活目标结合起来，做到既将文化和自然遗产维护好，又把周边环境整治好，实现多赢的目标。

（3）在保证民生的基础上把遗产资源守护好。保护世界文化遗产既要将其本身以及周边环境保护好，同时也要确保周围居民的基本生活权利，这就要求政府部门制定切实可行的措施惠及每一位周边居民，从而实现持续保护遗产的目的。政府文物主管部门要根据实际制定相应政策，给予资金方面的支持，并提供相应的技术，同时积极融入社会资本参与遗产保护，以期实现共赢局面。进行文化和自然遗产保护要体现出以人为本的理念，既要传承传统技艺保护历史遗产，又要考虑民生，在确保附近居民基本权利的基础上改善他们的生活条件，让人们主动参与遗产保护过程，赋予他们监督权，使其充分享受发展遗产保护而带来的受益权。使遗产保护工作成为一项民心工程。

（4）在可持续发展的基础上进行遗产保护。可持续发展是指社会环境、经济条件以及人们的文化生活发展具有可持续性。文化多样性是人们拥有丰富精神生活的源泉，它对于推动当地经济增长起到一定作用，同时也是人们寄托情感和道德情操不可缺少的手段。从一定意义上说，对于人类文化遗产的保护就是保护好人类文明的多样性。在对文物保护部门进行考核时要结合其推动当地经济发展作用的同时还要注重当地社会和谐程度，让当地居民因为遗产保护而受益才是保护文物持续发展的基础。文化遗产这种作用于人的精神和情感层面的"正能量"，从而促进人类可持续发展的功能是不可替代的。这种重要性不仅应当得到遗产管理者、保护者、参与者的高度重视，而且应当成为家庭、社群、国家及世界成员的广泛共识，推动成为有见识、负责任的家庭成员、社会成员、国家公民及世界公民。在可持续发展中，发展是核心，可持续是前提。没有保护的发展是不能持续的，没有发展的保护也是不能持续的。所以在制定遗产保护政策时要考虑利益相关方的诉求，既要推动当地经济发展让居民得到实惠，又要切实保护好文物，实现经济效益和社会效益全面健康的发展。

（5）基于预防为先的保护。气候变化和自然灾害在威胁着遗产，现代化、城镇化、经济社会快速发展的压力在破坏着遗产，迅猛发展的旅游业在威胁着遗产。鉴于破坏遗产的规模和严重性，鉴于遗产保护日益复杂化、愈加艰巨化的严峻形势，各缔约国应及早发现问题，有针对性地开展积极主动的预防性保护。各级政府及其职能部门应当大力推进遗产保护由抢救性保护向预防性保护转变，将安全监管、监测预警与行政执法重心前移。加强遗产的日常保养，监测遗产的保护状况，改善遗产的周边环境，严格控制遗产核心区、缓冲区的建设项目。

建立高效适用的遗产保护监测预警体系，通过对可能影响世界文化遗产（突出普遍价值）的各种自然和人为因素变化的实时监测和动态管理，及时察觉和处置遗产面临的威胁，做到提前预警，防患未然；在法律允许的范围内建立安全检查和执法检查机制，确定检查的内容和范围，在尽量降低执法成本的同时提高执法效率。对于检查过程中发现的安全隐患要采取果断措施坚决制止，将破坏文物的事件消灭在最初萌芽状态，从而减少对文物的破坏。

（三）保护理念的立法建议

（1）职能的转变。以转变政府职能为突破口，坚定不移地推进文物行政管理体制改革特别是文物保护工程管理机制改革，协调市场发展和政府主导之间的关系，在法律允许的范围内尽量让市场充当主要角色。充分发挥市场作用，带动文物保护工作迈上新台阶。按照责权相统一的原则，在实践的基础上逐步推行遗产保护的行政工作和技术分离的原则，按照层次原则实行审核制度，建立第三方审核体制。对决定取消、下放的文物行政审批事项，研究、制定并实施相应的监管措施。对确需保留的文物行政审批事项，明确内容、制定标准、优化流程、提高效率，严控审批自由裁量权，及时向社会公示，对改革成果要用立法手段予以确立和巩固。

（2）遗产保护项目绩效评估机制的建立。切实加强对重大保护项目实施和专项经费使用情况的监督、管理、评估和验收，把项目立项、预算审批与工程实施、预算执行、项目质量及效益挂钩，形成一个平台、一个抓手，充分发挥重大保护项目和中央财政专项资金的导向作用。建立全覆盖的项目绩效考评制度、经费使用绩效考评制度，推动将重点工程质量和专项资金使用绩效纳入遗产保护责任目标，把各项重点工作的落实纳入遗产管理者考核体系。要把遗产保护工程作为基本点，做到权力和责任相匹配，审批和监督密切配合，在给予资金支持的同时考核实际绩效。

（3）遗产保护技术标准的制定。在实践的基础上把相应的基础标准、工作标准以及技术标准落实到位，以标准引领规范。由于在遗产保护过程中涉及很多标准体系，工作量大，任务繁重，所以要在工作中分清轻重缓急，依照程序科学合理安排，在充分论证的基础上做好遗产保护工作。可以在实践的基础上根据当地实际制定相关工作手册和技术规范，不断积累经验，从而保护文化和自然遗产的保护工作。对于文博机构也要有科学合理规范的制度进行约束，以此为基础努力拓展遗产保护人才的成长通道。

（4）推介中国特色遗产保护理念。中国世界文化遗产具有中国特色突出的普遍价值及真实性和完整性，需要不断总结和推介中国特色的遗产保护经验，从而赢得国际同行的理解、尊重以及认可。

第三节 世界文化遗产监测机制

遗产监测工作为遗产地制定保护管理决策奠定了基础。在世界性的范围内开展文化遗产监测工作，是缔约国应当承担起的国际责任，这为遗产的保护和管理提供重要的决策依据，保障了世界遗产全球战略的实施，提高了《保护世界文化和自然遗产公约》的可信度。世界文化遗产能够突出普遍价值的真实完整性，而文化监测工作的开展可以使这种真实完整性得以保存、延续和传承。积极完善世界文化遗产监测机制，既有利于更好地实现遗产保护，又可促使遗产管理水平不断提升，更是推动遗产地经济社会可持续发展的有效途径。

一、世界文化遗产监测机制的形成

监测工作具体来说，就是以国际公认的世界遗产保护准则为依据，按规定的工作程序定期检查、审议和评估各世界遗产地的保护情况，然后将生成的监测报告上交至世界遗产委员会。世界遗产委员会在监测报告的基础上，对遗产地的保护情况进行审议和评价，或肯定鼓励，或通报相关情况，或采取行动，提议进行合作或者国际援助。世界遗产监测制度的创立和完善，为国际社会实现科学有效的管理、保护世界遗产发挥了重要作用。

相对于遗产申报，世界遗产监测工作的开展时间要晚一些。1972 年《保护世界文化和自然遗产公约》颁布之时，就确立了为共同保护具有突出的普遍价值的文化和自然遗产而建立一个根据现代科学方法制定的永久性的有效制度的战略目标。1994 年，《保护世界文化和自然遗产公约》操作指南正式确立了反应性监测制度，规定每年的世界遗产委员会会议都将审议受到破坏的世界遗产保护状况。此后，世界遗产委员会年会都要评估部分世界遗产地的反应性监测报告，以监督和促使缔约国更加关注和改善世界遗产保护管理工作。这一制度的实施得到了保障，除了世界遗产委员会之外，与之相关的一些国际咨询顾问机构也把开展反应性监测作为一项重要的工作，并在世界遗产监测管理中发挥着重要作用①。

定期报告制度的监测形式经历了相对曲折的创设过程。1992 年，世界遗产委员会提出加强对世界遗产地的系统性监测的战略目标。1994 年，世界遗产委员会会议决定，要求各缔约国每五年就本国世界遗产保护状况提交一份科学报告。2002 年，世界遗产委员会在意大利威尼斯举行了纪念《保护世界文化和自然遗产公约》30 周年国际会议，召开了世界遗产监测研讨会，形成了 10 期《世界遗产监测》系列报告。2004 年，世界遗产委员会临时会议决定，暂停一年启动第二轮定期报告，以便对第一轮定期报告进行反思。2006 年，第三十届世界遗产会议决定，重新修订定期报告的格式和内容，由联合国教科文组织统计机构、国际专家、世界遗产委员会成员国、顾问咨询机构和遗产中心组成的研究小组，对"简化定期报告问卷"和"确立指标体系、制订定期报告格式"两个专题开展研究。

世界遗产监测管理制度体系经过多年的发展、演变和完善，逐渐形成了反应性监测和定期报告制度，其在发展历程中所获取的经验教训，特别是对定期报告的总结、反思与修订，值得学习借鉴。

二、世界文化遗产监测机制的类型

根据《实施世界遗产公约操作指南》的规定，世界遗产监测分为反应性监测、定期报告。两者之间既有监测对象与手段的联系，又有监测性质与过程的差异。

（一）反应性监测

（1）反应性监测的含义。《实施世界遗产公约操作指南》中的第 169 条指出，反应性监测（Reactive Monitoring）是关于具体的濒危世界遗产保护情况的报告。报告由世界遗产委员会秘书处、联合国教科文组织以及其他专家咨询监测机构提出，呈交至世界遗产委员会。

（2）反应性监测的实施对象。根据《保护世界文化和自然遗产公约》的要求，每年的 2 月 1 日前各缔约国都要通过世界遗产秘书处向世界遗产委员会呈

---

① 杨波，何露，闵庆文. 基于国际经验的农业文化遗产监测和评估框架设计［J］. 中国农业大学学报（社会科学版），2014，31（3）：127 – 132.

交具体的监测报告，报告包括世界遗产出现的异常情况，可能影响遗产保护的活动开展情况等。已经列入和等待列入《濒危世界遗产名录》的遗产都在反应性监测的范围之内。如果世界遗产委员会将要提议彻底除名《世界遗产名录》中的一项时，也必须先进行反应性监测。世界遗产委员会将相关权力授予咨询机构，咨询机构由此对在《世界遗产名录》中的遗产保护工作进行监督和汇报。

（3）反应性监测的目的。反应性监测的目的有两点：第一，确定世界遗产的突出的普遍价值、真实性或完整性受到破坏或减损的信息及充分修复该遗产的可行性；第二，督促缔约国采取一切可能的必要措施保护遗产，避免从《世界遗产名录》中删除任何遗产，启动世界遗产基金对遗产修复工作提供技术合作，评估遗产保护行动的进展和成效。

（二）定期报告

《实施世界遗产公约操作指南》第五部分规定了定期报告的目标、程序、格式、评估和后续行动。

（1）定期报告的定义。定期报告（Periodic Reporting），也称系统性监测（Systematic Monitoring），是指缔约国经由世界遗产委员会向联合国教科文组织大会定期提交为实施《保护世界文化和自然遗产公约》通过的法律和行政条款以及采取的其他行动的报告，其中主要包括在其领土范围内的世界遗产保护情况。各缔约国上交的定期报告主要由两方面构成：首先是，缔约国为了执行《保护世界文化和自然遗产公约》，通过了哪些法律内容和行政条款以及为此采取的行动，还要详细说明在此过程中获得的相关经验，尤其是在涉及到《保护世界文化和自然遗产公约》中某些条款所规定的相关义务时。其次是，对于领土范围内各项世界遗产的保护状况要做具体阐述，分析影响遗产保护的各项因素，总结监测工作的开展情况，针对监测结果提出相应的解决对策。

（2）定期报告的目的。世界遗产定期报告制度，为各缔约国向世界遗产委员会说明遵守《保护世界文化和自然遗产公约》的情况提供了手段，反过来，它也为世界遗产委员会监测和管理各缔约国的遗产保护情况提供了重要保障。定期报告制度发挥了长期保护遗产的重大作用，加强和提升了履行《保护世界文化和自然遗产公约》的可信度。定期报告制度的目的主要体现在四个方面：一是各缔约国履行《保护世界文化和自然遗产公约》的相关情况；二是通过评估，确保世界遗产持续保持其突出的普遍价值；三是根据各缔约国提供的世界遗产的最新消息，对发生变化的环境以及相应的遗产保护情况做好记录；四是在遵守《保护世界文化和自然遗产公约》的前提下，就世界遗产保护的相关事宜，建立相应的机制，促进缔约国之间的区域合作以及信息经验的分享交流。

（3）定期报告的程序。定期报告的程序分为六个步骤：第一，制定区域性策略。世界遗产委员会督促世界遗产秘书处与专家咨询机构合作，充分发挥缔约国、遗产保护地专家的主动性，按时间表的要求确定定期报告的区域性策略。策略的制定应当体现当地的特点，能够促进各缔约国之间的相互协调和配合，有效地保护跨界遗产。第二，呈交定期报告。按照遗产委员会的要求，每六年向其提供一次定期报告。第三，对定期报告进行评估。提交定期报告流程结束后，世界遗产委员会按照定期报告的提交顺序进入对各区域内的世界遗产评估的阶段。在下一个周期开始前，世界遗产委员会还要花费一定的时间，评估和修正定期报告机制。第四，撰写世界遗产区域性报告。世界遗产委员会秘书处承担此项任务，将各国提交的报告汇总成世界遗产区域性报告，供工作参考和科学研究。第五，提出遗产保护建议。在认真审查定期报告内容的基础上，世界遗产委员会要就报告中涉及的议题给出专业建议。第六，制定区域性长期计划。在世界遗产全球战略目标的指引下，世界遗产委员会秘书处和咨询机构要同缔约国进行协商，制定能够准确反映遗产保护情况和需求的长期计划，以协助提供国际援助。

三、世界文化遗产监测的意义与风险管理

（一）世界文化遗产监测的意义

遗产监测是缔约国兑现对执行《保护世界文化和自然遗产公约》、保护世界遗产责任承诺的重要方式，有利于更好地保护缔约国的自然遗产和文化遗产，在通过严格审核的同时提高对活动的关注度，促使缔约国以更谨慎和专业的态度来对待遗产保护工作，还有助于从事这项工作的专业机构和工作者获得本国政府及公民的理解和认可。

遗产监测是世界遗产工作的常规性制度和重要内容，对于保障世界遗产资源，制定国家和地方优先保护政策，抢救一大批珍贵的世界遗产，开展世界遗产各项保护工作具有推动作用。

遗产监测是缔约国总结保护管理经验、提升保护管理水平的良好机会，在这一过程中，缔约国不仅可以积累成功的经验，还可以发现存在的问题并加以解决，充分保护和利用遗产并使其得以传承和发展，促进世界遗产保护政策的不断完善与关键技术的不断进步。遗产监测是拓展遗产保护国际合作与交流的有效途径，有助于提高、统一不同经济社会发展水平、不同政治制度、不同文化传统的国家间的保护意识和工作水平，有助于弘扬世界遗产保护理念，提升全人类的文化水准。

（二）世界文化遗产监测的风险管理

人类对风险的认识和掌握是一个极其漫长的过程，而风险管理理论的发展推动人类向更高目标登攀。风险管理理论最早起源于20世纪30年代，20世纪末期被拓展应用到文化遗产领域，国际社会相继开展了遗产保护风险管理的研究和实践。国际文物保护与修复研究中心联合国际蓝盾委员会共同制定推出了有关文化遗产风险应对的管理指南，明确了防范文化遗产风险的基本步骤和要遵循的原则，旨在为存在风险的文化遗产地的中央和地方政府、管理机构提供指导措施。定期保护与保养、监测、风险管理和遗址展陈是遗址管理体制中需要被反复强调的重要内容。世界文化遗产监测，在一定意义上就是风险管理的问题，旨在全面反映、客观评价世界文化遗产地的保护现状、环境质量和评估保护效果，为遗产管理提供决策依据。文化遗产的风险是一个动态变迁的过程，需要持续的跟踪和长期的监测。

风险识别主要是识别体现文化遗产价值载体的病害特征以及造成这些病害特征的风险因素，确定文化遗产所面临的风险有哪些，来源于何处。风险分析和评价主要是评估遗产风险影响因素，判断遗产风险的水平，确定遗产监测的重点，预测遗产价值载体所面临的风险是否需要处理和处理到何种程度。风险应对，主要是基于监测数据的统计分析，根据不同的风险和风险等级，编制抢救性或预防性的保护修复方案、环境整治方案，制定保护规划和相应的管理方案，确定和执行风险控制对策，以更安全、更长久地维护文化遗产的突出的普遍价值。此外，遗产监测还需跟踪评估风险控制的后续效应，即对风险应对的措施以及风险控制的效能进行监测。

第四节　中国世界文化遗产监测实践
与监测能力提升路径

中国是世界文化遗产大国，保护形势依然严峻，环境压力继续增大，监测任务艰巨而繁重。由于历史和体制的原因，中国世界文化遗产监测工作无论是制度层面、管理层面，还是操作层面都处于探索起步阶段，亟待向制度化、规范化、科学化的监测轨道迈进。

一、中国世界文化遗产监测实践

（一）中国世界文化遗产监测现状

1. 监测机构与会议

国家文物局主管世界文化遗产监测巡视工作。国家文物局文物保护与考古司负责管理并指导开展世界文化遗产的监测工作，组织和落实文化遗产的具体巡视工作；督察司主要承担保卫文物博物馆、开展文物执法行动、查处有关文物的重大违法案件等工作。

组织机构是有效开展遗产监测的基本前提和工作平台。中国世界文化遗产地保护管理机构大多依托内设的文物保护机构承担遗产监测职能，适当配备必要的专职监测人员。世界文化遗产监测中心具体负责统筹、协调和指导遗产监测管理工作，起到了极好的示范作用。遗产监测拥有相对完整的体系，既有关注遗产本体的监测性评价，又有侧重于遗产管理的监测评价，除去监测评价自身，还包括遗产监测的管理保障。国家文物局多次召开监测会议，监测会议以宣讲监测理念，提高监测认识，解读监测规程，部署监测任务，交流监测经验，研讨监测问题，为各级文物行政部门、各世界文化遗产保护管理机构提供宏观指导，搭建学习平台，促进监测工作稳中求进、稳中有为。

2. 监测中存在的问题

遗产监测是反映遗产价值保护状况的有力依据，也是进行管理决策、实施管理行动的基础，遗产监测日益受到各级政府、职能部门和社会各界的重视和支持以及国际社会的推动，具备有利的发展环境。世界文化遗产监测管理已呈现信息化、科学化和标准化的发展趋势，强调预防性保护和抢救性保护相统一，中国在这些方面的整体发展水平还有待提高；中国还要继续为推动遗产保护和发展，使其惠及民生作出努力；还要努力践行共同守护全人类遗产的国际承诺，加快实现世界先进管理水平的脚步。

（1）思想认识不到位，中国世界文化遗产监测工作有一个从不知到照例行事，再到顺势而为的认识过程。国家文物局对遗产监测工作正乘势而上、强力推进，但大多数遗产管理机构亦步亦趋、因势而动，对监测在遗产管理中的目的、地位及作用还存在着认识不清的普遍问题，造成这种现象的根本原因有三点：第一，长期以来中国遗产保护存在着"重申报、轻管理"的现象；第二，遗产监测巡视制度和规程缺乏；第三，中国遗产地管理还处于领导者感性管理阶段，所有的管理决策基本上建立在领导者个人素质和认知水平上，而监测信息在遗产管理中所能发挥的作用相对有限，导致监测成为一个花费财力、人力和精力，获得了一大堆数据，但很少能产生效果的工程。因此，要使遗产监测工作真正发挥实效，遗产管理者必须转变思想观念，在管理决策过程中以监测信息为依据，减少人为判断。

（2）监测体制机制不健全。监测工作不仅是科学仪器设备的使用和日常烦琐记录，还应当形成一个系统的管理机制，建立相对完善的监测制度和管理组织，制定实施具体操作所需遵循的技术准则和规范程序，补充评估和应用监测数据的相关机制，完善关于后续行动的执行和约束机制。

中国监测体制机制不健全集中体现在两个方面：第一，遗产管理体制的不健全，遗产管理机构的责权不明晰，遗产监测管理体系和遗产监测机构不完整，国家文物局、省文物局、专家咨询机构、非政府组织、遗产地管理者在遗产监测中的作用发挥和角色分工也不相匹配；第二，运行机制的不健全。遗产监测工作包含两层含义：一为"监"，就是上级主管部门要对各遗产地的管理行动、管理措施、管理效果进行"监督、检查"，应该建立从上而下的反应性监测制度和巡视制度；二为"测"，就是要对遗产本体、周边环境、各种价值的保存状况进行

"记录、测量"。这些记录测量的汇总结果要形成报告，从下而上进行报告，这就是日常监测、定期监测的工作机制。目前中国的文化遗产监测工作还处于摸索探究阶段，各项体制和机制还不完善；各管理机构依据自身技术能力和遗产的特点开展的遗产监测工作多为自发性的；整个监测活动系统性不强，且缺乏持续性。

（3）监测标准不完善。监测指标、标准和规程的设计是遗产监测有效开展的关键环节。世界文化遗产管理部门分割、各行其是，对技术性、规范性和科学性监测管理工具缺乏深入研究，在操作层面缺乏科学性、规范性的监测指标、标准、规程，监测指标设置过于笼统而难以操作。在尊重国际公约和国际准则的基础上，结合中国文化遗产本质特性和保护修复规律，学习世界遗产监测标准，借鉴和创新世界遗产监测理论，是中国世界文化遗产监测工作当下面临的最紧急的任务。各遗产地监测实践的普遍难题就是缺乏一套具有指导性、可操作性的监测指标、标准、规程。

中国世界文化遗产规模庞大、类型丰富、材质多样，涉及遗产要素众多，地域分布广阔，这就为制定统一规范的世界文化遗产监测标准带来了不少挑战。由于遗产主体差异，以布达拉宫等宫殿建筑为主的遗产地应以古建筑、陈展文物监测为主；莫高窟等以石质文物为主的遗产地应以石质文物、彩画监测为主。由于南北方地理环境差异，北方多风，石质文物监测应以风沙监测为主；南方潮湿，石质文物监测应以腐蚀监测为主。

（4）监测数据分析的结果没有与制定保护管理决策良好结合。遗产保护管理的基础在于声明遗产的突出普遍价值，监测就应该围绕相关载体展开工作。要准确地反映对于遗产的突出普遍价值的保护现状，进而为管理决策提供依据。遗产监测的主要对象是遗产地保护状况和影响因素。但中国遗产监测内容大多侧重于遗产本体、物理环境和灾害因素。

中国遗产监测的目的、对象和作用不是很明确，监测对象以遗产本体和自然因素为主，缺乏对突出普遍价值的保护状况以及人为影响因素，包括管理因素的监测。监测时的针对性和目的性不强，没有综合收集和整理监测数据，同时对监测数据进行研究和反馈使得遗产监测活动、监测指标与遗产突出普遍价值影响因素、保护状况和管理行动之间缺乏对应关系和有效联系，监测和实际规划、后续管理措施缺乏有机的互动和关联，甚至于决策相脱离，监测结果没有发挥应有作用。

（5）监测人才匮乏。不同地方的遗产监测工作差别较大，多数为常规巡查和主观人为判断，没有设置科学的监测指标，也缺乏对数据的收集和技术分析，未建成合理有效的信息管理机制，这与专门监测机构的缺乏和专业性、专职性监测人才匮乏大有关联。遗产地不仅监测工作开展时间较长，还有与国外科研机构长期合作的经验，其监测范围广泛，包括：遗产本体监测、大环境监测、小环境监测、安全防范监测、旅客调查监测。

（二）中国世界文化遗产监测框架

中国世界文化遗产监测巡视机制，既要与世界遗产监测的国际准则相衔接，又要与中国世界文化遗产工作实际相吻合，这样才能有所成效。

（1）监测类别。监测类别主要分为以下四种：

一是日常监测。世界文化遗产保护管理机构要进行实地采集相关数据，做好记录，持续关注和积累遗产的保护状况，分析核心区和缓冲区客观的和人为的风险因素，调研遗产周边地区的开发对遗产保护的影响。

二是反应性监测。即针对世界文化遗产保护管理中出现的临时性反常问题的专门性监测。主要是监测可能威胁到遗产保护的危险因素。

三是定期监测。省级文物行政部门要每五年对世界文化遗产进行一次系统的监测，包括全面监测规划的执行情况，以及管理、展示、宣传情况；每年还要重点监测列入《濒危世界遗产名录》或《中国世界文化遗产预备名单》的世界文化遗产，重点关注保护中解决问题的方法及其成效。

四是巡视。巡视是指国家或省级文物行政部门对世界文化遗产地保护管理的整体情况或突出问题进行定期或不定期巡视。巡视是监督手段，是遗产监测制度的有机组成部分。国家或省级文物行政部门既可牵头组织巡视，又可委托专家咨询机构组织巡视。巡视内容包括审核监测结果，检查保护管理状况，提出整改要求。巡视最能体现中国特色遗产地管理方式，其基于中国遗产地管理层级和管理者素质的现实背景，以自上而下的方式开展督促检查。

（2）职责分工。按照分级负责、属地管理的基本原则，我国的遗产监测分国家级、省级和遗产地三个层级，同时实行国家和省级两级巡视机制。各层级分工不同，国家文物局制定相关监测巡视工作的政策、制度和具体技术规范，委托或借助专业咨询机构进行反应性监测，开展定期或不定期巡视工作。省级文物行政部门可在本省范围内组织定期监测和反应性监测，或者开展巡视活动。遗产地的保护管理机构则主要对文化遗产进行日常监测。

（3）监测报告。监测报告实行逐级上报，先由世界文化遗产保护管理机构在每年的1月上报至省级文物行政部门，报告内容主要是上一年度世界遗产的日常监测情况；经省级文物行政部门审核后的报告于3月再上报国家文物局，同时按相关要求上报定期监测报告。每年，国家文物局负责将世界文化遗产保护和管理监测结果向社会公布，还要建设世界文化遗产保护管理记录档案数据库系统和世界文化遗产动态监测管理系统，保障其正常运行。

二、中国世界文化遗产监测能力的提升路径

遗产监测是遗产保护的基础工作，是监督管理的首选工具。遗产监测制度是保证《保护世界文化和自然遗产公约》得以正确贯彻执行的重要工具，是遗产地突出的普遍价值是否得以保持、可信度是否得以维护、可持续发展目标是否得以实现的重要手段，是一切遗产管理决策的基本前提。要以建立中国特色遗产监测预警体系为目标，建成国家遗产监测网络，完善遗产监测信息评价方法和反馈机制，扎实推进遗产监测能力建设，为提升遗产管理水平奠定了基础。

（一）中国世界文化遗产监测的主要任务

中国世界文化遗产保护和管理者要在中央的主导和统一规划下，结合遗产地的特点推进工作，同时重视试点工作。要建设有中国特色的监测管理体系，完善监测预警系统，综合提升监测管理能力和水平，以世界文化遗产为发展榜样。要建成高水平的监测预警系统，就要克服难度大、任务重、范围广的问题，在平台搭建、能力提升、制度建设和机制完善等方面不断努力，以实现规划目标。

1. 构建监测法规标准

开展遗产监测工作，要有技术标准指南，同时还要完善监测指标体系。在确立标准和指标时要遵循遗产保护和利用可持续发展的原则，可操作性强。指标不仅仅指技术性指标，还有遗产管理指标。要重视申报世界遗产列入标准，并以此作为制定标准的依据。国家文物局要发挥自身作用，积极协调推动国务院法制办公室成立关于《世界文化遗产保护管理办法》的中长期

项目，尽快出台关于监测工作的规范制度，对监测主体、监测程序和监测责任作出明确界定，在属地管理基础上，完善国家、省级和遗产地三级管理的工作机制。

国家文物局要对《中国世界文化遗产监测巡视管理办法》的实施情况进行深度调研，在此基础上，出台具体实施细则，对监测的相关概念、程序、规则、内容等进行细化，增强其操作性。在保证基础性监测需求的基础上，建立覆盖面更广、针对性更强，能够兼容各种遗产类型独特要求和不同特性的监测标准和工作规范，推动世界文化遗产监测工作操作手册在全国试行。各地应结合实际制定相关的地方性专项法规、政府规章。

2. 构建监测信息平台

建构遗产监测管理系统，集数据统计、信息管理和预报体系于一体。遵循架构统一、实时监管、资源共享等原则，建设符合指标、覆盖面广、功能完善、运行效率高的中国世界文化遗产监测预警信息系统和国家级中心平台，将预警管理和动态监测落到实处。通过科技手段，连接已有的各种监测设施，分享平台信息，对接中国科学院"国际自然与文化遗产空间技术研究中心"和国家级风景名胜区的监管信息系统，发挥遗产监测预警信息系统采集数据、分析数据、进行反馈评价的功能，共同建设、分享和管理各类监测信息源，高效建设，不浪费资源。

3. 完善监测机制

建立以第三方机构为主的遗产评价机制。进一步分清国家文物局、省文物局、遗产地管理机构、专家咨询机构在监测工作中的职责，尤其要加强建设第三方机构和专家咨询机构，使定期监测、反应性监测和巡视工作等方面的机制更加完善。对于重大项目和重大干预性活动的反应性监测要加强审批管理。要及时组织对文化遗产影响的评估监测，妥善处理可能影响世界遗产突出普遍价值的保护工程、遗产地改扩建项目及遗产核心区和缓冲区的划分等，并做好详细监测记录，归档在案。

国家文物局应做好对专家咨询机构和第三方机构的授权认证工作，在遗产监测活动中充分发挥第三方机构的专业特长和独立评审的功能。国家文物局委托中国世界文化遗产监测中心，进行世界文化遗产监测巡视工作，以三年为一个周期，完成一轮巡视工作。在巡视中，要及时发现和解决监测管理中存在的突出问题；同时，建立健全对于监测管理活动的评价系统和后续改进机制。

4. 增强建设监测能力

中国世界文化遗产监测中心可以在诸多方面发挥重要作用，如对世界文化遗产监测的基础性研究，有关文化遗产监测的管理工作和技术指导工作，以及培养相关人才和开展国际合作等，是中国世界文化遗产监测领域内的旗帜和标杆。中国文化遗产研究院与中国世界文化遗产监测中心在下一步还要不断完善工作机制，加强人才引进，配备专业人员，组建高水平的专业队伍。时机成熟时，可以借鉴国家文物局水下文化遗产保护中心的运行模式，使中国世界文化遗产监测中心更具自主性和独立性。各省文物局也要负责好上传下达，加强力度培养本省的专业监测人才，组织省级专家定期开展监测巡视，协助实施重大监测项目，切实承担起业务管理的重要职责。加强世界文化遗产地管理者、社区居民的教育培训，推动社区居民对本地遗产的自主管理和自觉保护。加强遗产风险及危机处理能力建设，减轻自然灾害造成的损失和预防突发事故的发生。

总之，建设中国世界文化遗产监测预警体系，具有重大意义：有利于从技术层面维护遗产的突出普遍价值及真实性和完整性，有利于夯实国家文物局对世界文化遗产地管理能力的有力抓手，有利于促进各遗产地保护工作与当地发展建立更为紧密的关系。

（二）中国世界文化遗产监测的工作建议

（1）加强基础研究。中国文化遗产研究院接受国家文物局的委托，编写了《中国世界文化遗产监测预警体系建设总体规划》，并承担了监测预警指标的任务。国家文物局应在此基础上，更加深入地研究在中国世界文化遗产监测预警体系中还存在哪些未解决的实际难题并寻求解决方案，明确这一监测预警体系的主要框架、要达成的目标和具体实施步骤。尝试着构建中国世界文化遗产监测预警框架体系雏形，尽快实现管理的规范化、信息化、精细化和智能化，也为世界文化遗产保护管理更具科学性和预见性做出努力。中国世界文化遗产监测中心应发挥作为国家级中心和总平台的重要作用，积极研究世界文化遗产监测预警系统的平台建设和相关工作准则、技术要求，为遗产监测系统的建设和管理提供专业咨询和有效技术指导。

（2）设立监测试点。遵循遗产地自愿申报原则，国家文物局可在此基础上支持一部分遗产地监测管理机构展开试点工作，不同种类的文化遗产监测管理具有不同的特性需求和技术手段，通过试点工作的开展，可以在实践中对此进行检验，以更好地积累经验。同时，在条件允许的情况下，可以在遗产地成立国家级世界文化遗产监测基地，开展专业试点研究和探索，研究有关世界文化遗产监测预警的保障系统、具体技术和指标要求。为遗产监测预警体系全面实施奠定坚实基础。各遗产地应将监测工作作为加强遗产保护管理的重要手段，结合总体规划和当地实际，进一步明确近期、远期的世界文化遗产监测的主要目标和工作任务，按照量力而行、先易后难、重点推进、分步实施的原则，找准监测工作的需求和重点，积极开展监测工作试点，积累经验，发现问题及时反馈。国家文物局和省文物局应加强组织领导，建立协调机制，做到有部署、有检查，发现问题研究解决。

（3）设立遗产监测专员。各级政府及文物行政部门、各遗产地管理机构应发挥好遗产监测中的专家参谋作用。真正地尊重专家，认真听取、切实理解、综合分析专家意见，不敷衍应对，采纳专家意见，做出正确的判断和科学的决策。完善遗产保护状况巡视制度，参照国务院参事制度，设立遗产监测专员或遗产保护专员，由中华人民共和国国务院或国家文物局授权委任，可以长期性授权或一次性授权，遗产专员遴选对象是具有社会影响力的知名人士。

（4）夯实保障条件。各级政府及职能部门应积极协调中央和地方公共财政部门，将遗产监测能力建设和运行保障费用纳入各级公共财政预算，加大投入，保障资金。国家文物局应依托联合国教科文组织亚洲地区和太平洋沿岸地区世界遗产培训与研究中心，制定遗产监测人才培养规划，搭建监测人才成长通道，提高监测人才队伍素质。国家文物局和地方政府应加强监测项目实施的定期调度和检查督察机制，严格考核验收。

（5）做好定期报告。监测是遗产管理循环的中间环节，报告是遗产地保护状况某一时刻的情景"快照"，两者紧密联系、不可替代。监测作为报告的基础，是最基本的活动；报告是最终的表现形式，分析汇总了所有的监测信息。中国世界文化遗产监测中心可以借鉴定期报告的成功做法，建立健全监测报告制度，以年度为时间节点，及时更新遗产保护和管理动态，总结管理经验，做好记录并编写制作中国文化遗产年度监测报告。改变遗产管理手段，由原来单纯的行政手段转向行政手段与法律手段、社会自助互助、市场机制相结合的综合管理手段；调整遗产管理秩序，改变过去的强制性秩序，将强制性秩序和自治自律的自发性秩序并重；改善遗产管理权力配置格局，由原来的各级政府集中进行管理到放权给社会和公民；遗产管理的中心也更加倾向于社区和公民，而非机构；管理政策的制定不再是神秘的、封闭的，而是更加透明化，鼓励民众参与其中，强调多方协商。监督体系突显层次，监督主体可以是国际组织、中央政府和规划组织，也可以是社会公众，同时公开接受大众新闻媒体的监督。

第五章

世界文化遗产保护法律体系

　　世界遗产保护法是规范世界遗产事务的国际法和国内法的总称。本章主要探究世界文化遗产国际法、外国相关世界文化遗产法、中国世界文化遗产法律体例及中国世界文化遗产保护管理。

第一节　世界文化遗产国际法

国际法是主权国家或具有国际人格的组织共同遵守的法律规范。它是维护国家之间相应秩序的工具，也是世界各国承认的为确保世界和平的法律体系。[①]

一、世界文化遗产国际法的渊源

（1）国际公约。国际公约是主权国家之间共同约定法律条约，它属于国际法律体系中拥有完全法律效力的规范性法律文件，它要求各缔约国必须严格执行该法律，并积极配合国际公约贯彻执行，同时要根据条约要求制定相应的国内法律文件。和联合国教科文组织制定的计划以及相应的法律公约进行充分协调，有利于世界文化和遗产相关公约及国际组织的信息资源共享和相应的协调组织工作。与世界遗产保护主题相关的国际公约，同样是世界遗产国际法体系的有机组成部分。这些国际公约主要有两类：第一，关于遗产保护；第二，关于环境保护。

（2）建议书。联合国教科文组织制定的世界遗产保护的有关建议、指导计划和有关国际组织的规章制度、运作方案等，在对相关问题的理解、政策的制定及相应做法方面给予方向性指导，对缔约国具有一定的规范功能。1972 年与《保护世界文化和自然遗产公约》同时通过的《关于在国家一级保护文化和自然遗产的建议》是《保护世界文化和自然遗产公约》的同步辅助文件。

（3）国际宪章。通常国际宪章对国际上发生的专门问题制定相应对策，并进行解释。国际宪章不具有完全意义上的法律效力，约束的范围和力度是有限的；但因专业的引导性和指向性，会对公约起到补充诠释和辅助执行的作用，根据不同内容、不同情形拥有不同程度的有限约束力。部分国际宪章具有悠长的时

---

① 钱凤莲. 当代国际法发展的文化之维［J］. 湖南科技大学学报（社会科学版），2012，15（6）：71–74.

空覆盖力，已经成为重要的历史文献。

（4）国际宣言。国际宣言是指国际组织或社会群体经沟通协商所达成的共识，以具体明确的态度发出相同的声音，体现各方意愿，目的是广为传播公约精神，并不具有完全意义的国际法效力。宣言的特征就是通过真善美的行动引起社会各界重视。联合国和国际上有影响的组织要对有关法律文件向全世界进行宣言，除此之外其他和世界遗产有关的国际组织及会议通常以宣言的宣示期理念和主张。1994 年的《奈良真实性宣言》（《奈良文件》），为评估文化遗产的真实性提供了操作基础，为完善《实施世界遗产公约操作指南》关于遗产价值的评估条件做出了重要贡献。

二、《保护世界文化和自然遗产公约》的制定背景

《保护世界文化和自然遗产公约》的诞生具有重要的历史意义，它推动了世界遗产保护事业的发展，也代表着国际法已经承认世界遗产这个概念，保护世界遗产的全球化行动由此启航。各缔约国、国际组织、专家学者大规模、持续性地投入世界遗产事务，为世界遗产事务的成功运作而奉献与奋斗。

1972 年《保护世界文化和自然遗产公约》的诞生，是基于国际社会对遗产保护经验上的积累、理念上的接触、认识上的深化和国内法上的实践，源于人类自身对文化遗产的自觉保护和普遍价值的认同共享。"人类共同的遗产"这种理念的树立为文化遗产保护提供了一种崭新动力。

《保护世界文化和自然遗产公约》达成的突破口是埃及尼罗河上一座水坝的建设，肇始于联合国教科文组织保护人类文化遗产的第一次国际行动：拯救"努比亚遗迹计划"的成功实施。国际社会充分认识到，制定一项国际公约，统领世界文化遗产事业不仅十分必要，而且时机也已经成熟。《保护世界文化和自然遗产公约》的促成，是国际社会的历史因素、地域因素和法律因素长期且综合的交融结晶，而催生公约诞生的直接动力就是国际社会共同抢救努比亚遗产的成功案例。

三、《关于在国家一级保护文化和自然遗产的建议》的原则与责任

20 世纪 70 年代联合国教科文组织以及关于世界文化及遗产的保护公约一致通过了《关于在国家一级保护文化和自然遗产的建议》，这进一步解释了《保护世界文化和自然遗产公约》的相关条文，也是通过缔约国建议的方式对该公约进

行了国际性诠释。

（一）《关于在国家一级保护文化和自然遗产的建议》基本原则

（1）坚持正确理念。文化遗产和自然遗产是财富而不是国家发展的障碍；文化遗产和自然遗产是一个具有共同性质的有机整体，既包括伟大作品，也包括一般物品；文化遗产和自然遗产与其环境密不可分。

（2）文化和自然遗产要发挥相应作用。各缔约国要积极保护相应遗产并在此基础上制定与之相关的政策，推动遗产保护。其目的是让文化遗产和自然遗产发挥应有的作用，并且让其成为社会生活的组成部分。近些年在保护及展示世界文化和自然遗产的科研技术方面有了明显进步，应当利用这些先进的技术强化对相关遗产的保护工作。

（3）制定总体规划。国家、地区和地方总体规划及地区发展计划应当纳入世界遗产保护、保存和展示的相关内容。

（4）鼓励社会参与。缔约国应当呼吁和引导遗产地公众对拟采取的保护和保存措施提出建议或给予帮助，加强社会监督，并获得社会资金支持。

（5）提供财政保障。缔约国政府应尽可能为保护和展示文化和自然遗产提供日益增长的财政资源。

（二）《关于在国家一级保护文化和自然遗产的建议》的保护责任

（1）从国家层面上制定相应政策。各缔约国可以根据本国实际情况结合司法需要制定利用先进科学技术的政策，以推动世界文化和自然遗产的保护工作。

（2）设立行政组织。设立行政组织主要有以下四项内容。

第一，设立专职负责部门。各缔约国要根据各国实际设立专职负责的部门，切实推动遗产保护管理的各项具体工作。

第二，专职部门要和其他部门充分协调相互合作。缔约国间专门进行遗产保护及发展的部门要和其他公共服务部门进行合作，尤其是涉及地区发展规划、各项公共工程、经济发展和环境的部门。如果遇到重大项目要进行部门间的充分协调与沟通，以争取各方支持并做出符合各方利益的决定。

第三，咨询机构。缔约国成立的专职负责部门要和涉及文化及自然遗产的部门进行合作。

第四，中央与地方部门之间权责的划分。各缔约国首先要考虑本国实际情况，然后根据相应规则划分中央和地方的权责，以实际行动推动文化和自然遗产的保护工作。

（3）教育与文化行动。大学、各级教育机构及永久性教育机构开设遗产教育课程及相关活动。各缔约国应当动用一切所需之信息媒介，普及遗产知识，提高保护意识；建立遗产保护志愿者机构；为遗产修复工程设立信息中心、博物馆或者举办展览。

（4）采取有效措施保护文化和自然遗产。缔约国要结合本国实际科学制定政策，采取有效措施切实保护世界文化和自然遗产，要结合各缔约国政府和非政府组织以及法律实施状况制定措施。

第一，科学技术措施。主要包括：日常维护、事先研究、濒危抢救、恢复或者更新用途、保护原貌、环境完整、预防损害、开展调查和修复、进行地质和生态研究、配置先进设备和服务。

第二，财政措施。主要包括：纳入财政预算、提供财政优惠、划拨专项资金、设立遗产基金、补偿制度、融资便利。

第三，行政措施。主要包括：制定保护清单、收集更新信息、准备遗产地图、拓展合适用途、制订保护计划（涵盖边缘保护地带、土地使用条件并说明需要保护的建筑物及其保护条件、纳入有关地区的城镇和乡村规划的政策）。

第四，法律措施。主要包括：制定立法、利用限制、国家征用、惩罚措施。

四、《实施世界遗产公约操作指南》的基本功能与主要内容

《实施世界遗产公约操作指南》是《保护世界文化和自然遗产公约》动态更新的工作准则和操作手册，增强了公约执行的开放性和可操作性，做到了应势而动、顺势而为。

（一）《实施世界遗产公约操作指南》的基本功能

《实施世界遗产公约操作指南》主要是针对《保护世界文化和自然遗产公约》的贯彻和执行，各缔约国把其文化和自然遗产列入相应的世界遗产名单中，对其进行重点保护，同时调动国际以及国家力量确保为保护世界遗产提供相应的法律程序。

《实施世界遗产公约操作指南》的主要使用者涉及五类人员：第一，《保护世界文化和自然遗产公约》的缔约国；第二，世界遗产委员会；第三，世界遗产

委员会秘书处；第四，世界遗产委员会咨询机构；第五，负责保护世界遗产的遗产地管理人员、利益相关方和合作伙伴。

（二）《实施世界遗产公约操作指南》的主要内容

（1）引言。这一部分主要讲述了《实施世界遗产公约操作指南》等公约相关缔约国会议、世界遗产委员会、世界遗产委员会秘书处（世界遗产中心）、世界遗产委员会咨询机构、其他组织，保护世界遗产的合作伙伴，其他公约、建议和方案的相关情况。

（2）《世界遗产名录》。《世界遗产名录》部分，阐述了世界遗产的类型和定义；突出的普遍价值的内涵；形成具有普遍性、可行性以及平衡性的世界文化和自然遗产名录的整体战略。并在此基础上制定相应的格式和程序并发挥相应功能，制定能够体现遗产价值的评估标准。真实而完整的历史内涵。立法性、规范性和契约性的保护措施。

（3）《世界遗产名录》进入步骤。首先编制相应的申报文件。制定符合要求的申报文件格式以及内容。不同遗产的申报程序、要求、评估以及撤销程序、世界遗产委员会会议决定、接受紧急申报流程、遗产范围的划定、遗产标准的制定以及相应的名称和时间表格的规定。

（4）保护和发展世界遗产的监督程序。这一部分主要讲述了反应性监测的概况、目的和信息来源以及相应的世界遗产委员会会议的决定。《濒危世界遗产名录》的标准流程、方针政策、检查程序以及名录撤销流程等。

（5）执行《保护世界文化和自然遗产公约》的定期报告工作。该公约中规定了各缔约国要定期报告该国执行公约的状况，必须每隔六年提交公约执行情况以及该国领域内保护世界遗产的具体情况。公约实施指南对报告的程序、目的、具体形式、遗产评估工作以及后续程序都有详细规定。根据保护世界文化和自然遗产公约规定，各成员国必须定期向世界遗产委员会报告工作，其目的为：首先世界遗产委员会要对各缔约国保护遗产状况进行详细评估。然后根据评估情况对遗产作出是否具有突出的普遍价值的判断。

（6）强化对公约的支持力度。公约中有关保护世界遗产的支持部分主要讲述了世界遗产委员会对于缔约国持续推动保护文化和自然遗产的能力建设方面，旨在进一步推动公约的贯彻执行。同时要加强研究并推动国际间合作以深化公约有效执行。各缔约国要积极开展各项活动让人们逐渐形成保护世界文化和自然遗产的意识。各缔约国可以根据实际情况申请国际遗产基金的援助，进行相关教育活动，提高人们的遗产保护观念。

（7）世界遗产基金以及国际援助。公约规定了各缔约国要向世界遗产委员会进行捐款，同时还可优惠提供另外捐款，甚至对遗产国进行技术帮助或直接资金支持。与此同时要让世界遗产基金充分发挥作用，多渠道拓展资金来源，积极响应国际援助。公约规定要以国际援助的方式帮助各缔约国，保护缔约国领土内的列入名录的遗产以及符合名录要求的潜在世界遗产。该操作指南规定了国际援助的种类以及优先次序，并规定了国际援助的原则和优先权。国际援助将优先给予那些《濒危世界遗产名录》内的遗产。

（8）世界遗产标志。鼓励对《保护世界文化和自然遗产公约》的支持部分，规定世界遗产中心、联合国教科文组织相关机构、各个缔约国负责实施《保护世界文化和自然遗产公约》的机构或国家委员会、世界遗产地、其他签约合作方可以使用世界遗产标志。缔约国政府应采取一切可能措施，防止未经世界遗产委员会明确确认的任何组织或出于未经授权的任何目的使用世界遗产标志。《实施世界遗产公约操作指南》详细规定了世界遗产标志的正确使用要求、使用原则、授权程序。

（9）信息来源。这一部分对有关世界遗产委员会的档案信息、缔约国信息、对外公开的信息和出版物进行了规定。

（10）附录。《实施世界遗产公约操作指南》的附录部分，主要收录了各缔约国在世界遗产开展工作中需要经常使用的格式文本和工作流程。这部分内容主要有接受的文本以及正式批准的文本，预备清单样式，提交跨国申报的清单样式，进入世界遗产名单指南，与公约有关的真实性，申请进入世界遗产名录的样本格式，遗产申报咨询机构的评估流程，实施公约定期报告的样本形式，申请国际援助的样本格式，咨询机构专家评估标准，突出普遍价值声明，对世界遗产的修改以及世界遗产相关的参考书目。

五、《保护世界文化和自然遗产公约》的法律价值

世界遗产为法律植入新的命题与内容。世界遗产没有统一的标准，而是随着不同时期人们的价值观重新确立与更新，但"人类共同遗产"一直是世界遗产的唯一原则。这是一个不断丰富和发展的法理概念与法律行动。

（一）《保护世界文化和自然遗产公约》的国际法思想

国际法对"遗产"的概念做了很多次修改、调整、延伸、补充，直至具有国际公法的独立意义。《保护世界文化和自然遗产公约》创造了一种事务，构造出一个主题，最后终于达成共识：世界遗产具有突出的意义和普遍价值。世界遗产不仅是我们人类共同守护和肩负的责任，还是所有人类共同的遗产，我们应该尽自己所能将其很好地流传下来，泽被后世。《保护世界文化和自然遗产公约》是一个标志牌，意味着这个概念得到国际的认可，保护世界遗产的全球化行动由此扬帆远航。

（1）人类共同的益处。保护世界文化和自然遗产从一而终的目的都是为了人类能更好地在已有环境中生存下来，为了人类的可持续发展。面对如今社会环境和自然环境的急速变化和失衡，这个时代特有的新现象对文化和自然遗产造成严重的影响和威胁，人类是否能平和、平衡、平稳发展，是一个极为关键的问题。要想人类继续生存在一个较适合的环境中，保存前辈留下来的文明和生活痕迹显得尤为重要。保护世界文化和自然遗产，不仅保存了人类遗产的基本特征，还对未来社会的发展带来启发和指导作用，也能加大全球各国、各民族之间的相互尊重和理解，面对我们全人类共同的利益，任何一位公民都有权利和义务去保护我们共同的遗产，以确保其顺利传承。这是人类共享的权利，世界遗产保护作为公法性质的集体权利由此被定性。

（2）人类共同遗产。人类共同遗产是由国际法确认的为了人类共同利益、以和平发展为目的而存在的指向物。基于文化多样性保护视角，文化遗产属于人类共同财产，每个国家的文化遗产属于全人类遗产的组成部分。《保护世界文化和自然遗产公约》缔约国，应当在充分尊重文化遗产和自然遗产的所在国主权，并不使国家立法规定的财产权受到损害的同时，承认这类遗产是世界遗产的一部分。越来越多的人把古代文明和遗迹看成共同遗产，而且越来越多的人意识到共同遗产的价值和同一性，无论哪国的文化遗迹和文明，对全世界人民来说都很重要，都需要去共同重视和保护，对于一些特别重要的文物、文化、遗迹，我们都更应该加以重视和特殊保护。

（3）人类共同责任。世界遗产不仅使不同地域的人们产生凝聚力、认同感和自豪感，保护世界遗产是全人类的集体责任。保护古迹是人们共同的职责，人们应该履行应有的职责，以保它们的完整、真实。任何国家的文化和遗产受到破坏和威胁是全社会人类共同的损失，是全世界人民共同的责任。整个社会都应该采取措施来保护那些文化遗产和自然遗产，避免这类重要遗产遭受迫害，这种集体性行为虽然不能替代国家行为，但也能对遗产做出有效保护。全人类更需要以全球视野和集体责任感来关爱世界遗产，通过世界遗产事务的持续开展，珍视和敬畏人们的过去，保护人们的今天与未来。

（4）人类共同保护。文化遗产保护问题具有国际性，是人类共同面对的挑战和危机，世界各国需要国际社会共同努力才能实现文化遗产保护目标。促成国际合作，以解决国际间属于经济、社会、文化、人类福利性质之国际问题，增进并激励对于全体人类之人权的基本自由和尊重。考虑到此项原因，所以有必要为了对拥有特殊价值和意义的文化遗产和自然遗产通过公约的形式来建立一套合理、永久、有效的保护条例和制度。

（5）突出国家责任。世界遗产国际法一方面赋予全人类以享有世界遗产的权利，另一方面明确国家在世界遗产事务方面的权利和义务，遗产所在地的政府、民族对其拥有特定的所有权和管理责任；人类和国家同时作为法律主体既是成立的，是不矛盾的，又是互为补充的。本国应该最大限度地、不遗余力地协调好本国内的资源和国际方面艺术、财政、技术和科学等方面资源的援助和合作，保护好文化和自然的遗产，确保其能完整保存、顺利传承给后代。

加入《保护世界文化和自然遗产公约》不仅意味着有资格申报世界遗产进而获得世界范围的保护和支持，共享国际援助和技术支持，更意味着缔约国为全人类肩负起保护人类共同财产的责任，这不仅是针对已列入《世界遗产名录》的遗产，还包括一切具有珍贵且突出价值的人类遗迹、自然景观、文化瑰宝。领土上有这些重要遗产的成员国应该履行好对遗产的保护、保存、传承、展示的义务和责任。

（二）《保护世界文化和自然遗产公约》的国际法效力

法的约束力和强制力叫作法的效力。国际法律关系中法律主体行为的约束力和强制力叫作国际法的效力。约束力和强制力是把法律关系主体限制在了所确定的权利和义务中后形成的一种管制力量，对法律主体的行为施加限制。从客观角度来看，是合约国是否有按照客观评价标准而采取的行动。从主观的角度来看，这是合约国对自己的一种内在自我约束。

国际法可以对联合国教科文组织的事务进行政策化的合理性指导，可以鼓励各个国家的政府及组织积极进行一些领域的工作。积极约束和底线约束作为构成国家法约束力的基础架构，也反映出了世界遗产事物的一些特性。世界遗产事务的细节工作都是在一定程序中按一定规矩完成的，叫作程序约束。而积极约束则是指：国际的监督与合作，程序与实体约束。程序约束是开展世界遗产工作最稳定最有效的方式。

世界遗产事务能否顺利进行，主要的前提是国际间的合作。强化国际合作的效力，可以改善世界遗产保存、保护、质量等问题，还可以缩小世界各地遗产保护水平的差距。实体约束的核心是缔约国的责任和义务，而且以强调责任和义务作为框架，这样可以让责任主体、遗产保存效果、状态、影响更加明确。

若在正常情况的运作下，普通的制衡方法失效，达不到预期的效果或者无法正常运行时，为了能更好地保护文化和自然资源，才出现了国际监督———一种不得不采用的法律手段，以保障在世界遗产的事物处理上公平、公正。根据联合国和联合国教科文组织的相关法律，底线约束主要为敦促签约和刑事制裁。相关方面的刑事处罚还在实践中一步步慢慢地探索，它并不是一个孤立存在的问题，而且并没有在国际法中正式并成熟地得到应用，若因遗产保护严重不善，特将缔约国遗产从《世界遗产名录》中彻底除名，就是《保护世界文化和自然遗产公约》的底线约束方式之一。

《保护世界文化和自然遗产公约》的底线约束力度是十分有限的，主要依赖于"各国意志的协调"。国际法是否有效力，主要取决于合约国是否能认真履行法规条例，是否愿意主动承担相应的义务和权利，依靠于各国是否愿意接受期待约束与控制，《保护世界文化和自然遗产公约》之所以能够得到广泛响应和有效实施，完全是出于缔约国的自愿。《保护世界文化和自然遗产公约》虽规定缔约国应当提交情况报告和接受世界遗产委员会监测，但对不良后果没有追究或者惩罚机制。

（三）《保护世界文化和自然遗产公约》的国际法地位

国际公约因在国际法中拥有最高效力，所以要理论结合实际地对全球世界文化和自然遗产的保护进行合理的引导，《保护世界文化和自然遗产公约》自诞生以来，对世界遗产保护领域产生了深远影响，广泛唤醒了国际社会和各国人民对遗产保护的强烈关注和积极参与。世界遗产从理论到实践持续影响着国家和公民对待文化和自然的标准，而且慢慢地已经成为人们生活的一部分，在国际法的法条内也起着乐观的作用,《保护世界文化和自然遗产公约》历经 47 年的丰富实践,成为极具可执行性的国际法,成为在联合国体制下迄今实施最为成功的国际公约之一。

1. 法律渊源

法律渊源是指法律创制方式和外部表现形式。《保护世界文化和自然遗产公约》既是国际环境法的重要渊源之一,又是缔约国国内法的法律渊源之一,它引领与规范遗产保护的价值观、原则、方法、措施。"全球共同"强调的是不仅要资源共享,责任和义务也要共同承担,国际环境法,与每个国家、民族、公民都有着密不可分的关系,同时也是现今国际事务中的主要突出问题。

《保护世界文化和自然遗产公约》是国际环境法在世界遗产保护领域的理论基础,以其自身特殊优势为环境保护贡献积极力量,为和平目标实现,为人权保障、文化尊重和持续发展进行着充分"论证",共同营造多样性的文化生态和包容性的和平环境,推动了国际环境法的进步与发展。《保护世界文化和自然遗产公约》在大多数缔约国的国内法体系中具有法律效力,我们应该全力构建一个和平的全球同伴关系,确保在不同的文化下、不同的政治制度中、经济发展水平不一的国家和民族之间还拥有很强的保护文化遗产的意识,以促进人类可持续发展的合理需求。

2. 法律主体

世界遗产的国际法的特性是不可替代的,其所体现出的法律主体所拥有的扩展性也极具挑战性、竞争性。法律主体不仅期待有所变化和发展,而且它的存在主要依托于主体,也只能从主体上找出口。公法意义"遗产"的本质特性在于共享,"遗产"概念的公法性质应用至民族、国家、人类的不同层面。人类共同遗产的概念渊源是国际法,其延伸的法理问题是多方面、多层次的。

《保护世界文化和自然遗产公约》的基本精神和主要原则都强调"人类共有","人类"作为世界遗产的法律"人格"主体,具有集体权利、集体目标、集体责任的同一性。一项世界遗产既是所在地居民、民族和国家群体的,又是属于全人类的,具备了为当地、所在国、国际社会共同确认的多重身份。世界遗产的出现,强调了人类的共同利益,关注了生存权与发展权,充实了人类共同遗产的新内容,增添了属于国家、民族的新命题,突出了全人类的共同使命。管理、保护、利用遗产，要尊重缔约国主权，承担相应的国际义务，遵循共同承诺的国际准则，更要确保世界遗产持久地为全人类所共享。

3. 积极作用

《保护世界文化和自然遗产公约》强化了联合国教科文组织对世界文化和遗产的引导、保护作用，提供了详细、宏观、合理的参考范本，加强了合约国之间在此专业领域的交流、沟通、合作，它系统地对世界遗产保护的各个层面做了界定和阐述，是全社会人类对保护自然资源和社会遗产达成的统一共识的载体，推动了世界遗产工作及其影响力在全球范围的快速展开、普及。世界遗产保护从政府、群体到个人都可以尽力，由国家大行为到个人小细节都能够促进，为坚持共同的价值观、实现共同的大目标相互支撑、互为观照。

《保护世界文化和自然遗产公约》确定了世界遗产的定义、标准，保护机构设置，世界遗产基金设立，以及缔约国责任与权利，规划了世界遗产的申报、监测、保护、财政和科技支持的要求和流程，缔约国自觉接受国际规则的规范和制约，用统一的标准、按统一的规划，集体保护人类共同遗产和文明成果，推动发展、惠及民生、传承文明。《保护世界文化和自然遗产公约》本质上来说，就是为了推进世界遗产的工作，《保护世界文化和自然遗产公约》中制度建设完备，程序设计严谨，保证了世界遗产工作的完成和取得良好的进展。

4. 国际影响力

《保护世界文化和自然遗产公约》是全球最具法律效力、最权威、最具国际影响力的公约，在国际法中地位颇高。

在全球范围内，关于世界保护行动的第一项公约就是《保护世界文化和自然遗产公约》，而且加入该公约的缔约国数量不在少数，这项公约不是单独的，简单的，而是有一系列相配套的操作指南、决议、建议、行动计划、宪章和宣言作为支撑与完善，形成一个相对完整的世界遗产法体系，奠定了其作为世界遗产保护第一公约的国际法地位。《保护世界文化和自然遗产公约》拥有良好的制度建设和机构支持机制。世界文化和自然遗产政府间保护委员会、世界遗产中心、世界遗产基金、三大国际咨询机构的密切协作与高效运转为世界遗产工作做出了巨大贡献，赢得了国际社会和缔约国良好的美誉度和认可度。

第二节 外国相关世界文化遗产法

在遗产保护的过程中，法制是关键。《保护世界文化和自然遗产公约》要求各缔约国在国内有立法上的跟进，实现公约精神和法治精神的深度融合，建立本国世界遗产法律体系，有效保护和永续传承人类共同遗产。南非、澳大利亚等国家高度重视遗产保护和遗产立法，在世界遗产法制建设方面有所探索、有所积累，值得其他国家借鉴。

一、澳大利亚世界文化遗产法律

（一）澳大利亚遗产基本法律

（1）《澳大利亚遗产委员会法案》。1975年，澳大利亚联邦议会以单独立法方式通过《澳大利亚遗产委员会法案》。澳大利亚遗产委员会是环境和遗产部依法设立的独立机构，依《澳大利亚遗产委员会法案》所规定的职权开展工作。环境和遗产部部长有权领导该委员会及其主席，该委员会向部长提供有关国家地产及哪些地点应加入或移出国家地产登记册的信息；主席和委员由澳大利亚总理任命，任期不超过三年，可连任，但均为兼职。2003年，联邦议会通过了《澳大利亚遗产理事会法案》，替代《澳大利亚遗产委员会法案（1975）》，依法设立澳大利亚遗产理事会，取代澳大利亚遗产委员会，负责国家遗产注册；由环境和遗产部部长委任一名主席、六名委员和最多两名副委员。

（2）《大堡礁海洋公园法案》。1975年，澳大利亚制定了《大堡礁海洋公园法案》，《大堡礁海洋公园法案》规定了在该区域进行研究、教育、规划、管理，以及如何开展相应活动的计划方案。在法案中，大堡礁区域被海洋公园局划分为若干区域，不同的区域，政策法规不相同，可以开展不同的活动。澳大利亚政府很重视对大堡礁的管理，政府将海域视作永久性的财富。通过管理大堡礁公园，尽可能正当地、合理地开发利用海洋公园，在保护海洋的同时，实现对海洋可持续的利用。

（3）《土著和托雷斯岛民遗产保护法案》。该项法案于 1984 年颁布，主要为了填补当时法律上的一些不足之处，确保土著居民在管理当地遗产中拥有发言权。《土著和托雷斯岛民遗产保护法案》在保护土著居民重要遗产方面具有重大意义。

（二）澳大利亚《世界遗产保护法案》的制度

为加强对世界遗产的保护，1983 年，澳大利亚联邦议会通过了《世界遗产保护法案》。《世界遗产保护法案》开创了一种世界遗产国家立法的全新模式，具有重要的历史意义。本法案适用于特定遗产即世界遗产的保护、保存及相关事宜；适用于海外领地，具有域外法律效力。

（1）违法行为认定制度。《世界遗产保护法案》的主要内容是防止破坏世界遗产行为的发生，明确违法行为和不违法行为的内涵和类型。《世界遗产保护法案》明确规定，在没有得到部长书面同意之前，不论是谁，在历史遗址上展开勘探、挖掘、回收矿物等作业；在历史遗址上建筑房屋或者其他实体构筑等行为；破坏历史遗物或历史文物；搬迁历史遗址上的文物，砍伐历史遗址上的树木，在历史遗址上修建铁路或公路，在历史遗址上使用危险爆炸物等，从事根据规定的不法行为的准备活动行为应视为违法。

（2）许可制度。部长有权批准世界遗产区域的相关作业活动可以合法进行。部长做出是否批准同意的决定应当考虑《世界遗产公约法案》含义中的遗产保护、保存和展陈。在做出决定前，部长应视具体情况通知相关地方官员，应给予当事人机会就拟出的批准进行陈述。在做出同意或拒绝同意后七日内，将在政府公报上发布通知，并将公告副本在五个工作日内提交议会。若在这个过程中，享用以及使用遗产的人认为其利益受到了部长决定的损害，可以向司法机构寻求帮助。

（3）利益关系人的制度。若部长的决定对享用以及使用遗产的人产生不利的影响，而决定的事项关系团体目标，且与团体所做的活动有关，应当被视为受决定侵害的组织或团体；未针对 1977 年《行政决定（司法审查）法案》的任何其他适用做出限制规定。

（4）禁令制度。司法部部长以及相关利害关系人可向高等法院申请（或者联邦法院），由高等法院签发禁令，以阻拦发生违法行为。如遇特殊情况，高等法院可依据当时的实际情况，签发临时禁令，防止违法行为发生。

（5）检查员制度。部长可以书面任命检查员。检查员按照法律规定可以进入和搜查符合法律规定的场所；在符合条件的场所拍照和记录事件；检查、调查、拍照和测量符合条件的事物。检查员依照法律规定可阻拦、扣押、进入和搜查任何交通工具。符合资格的法官可签发搜查令，授权检查员行使权力，任何人无合理理由不得阻碍检查员行使权力。

（6）赔偿制度。在世界遗产保护中，可能对遗产地居民的土地进行征收。为保障遗产地居民的合法利益，《世界遗产保护法案》规定了赔偿制度。若法案实施导致不是按照合理价格征收财产，联邦政府有责任以合理价格进行赔偿。如果联邦政府和当事人在赔偿金额上不能达成统一意见，当事人能够通过法律手段，对联邦政府进行起诉，要求政府赔偿其理想的金额。

（7）保密制度。本法案要求检察员在行使权力时，不得向除部长、秘书长以及相关官员以外的其他人透漏与事务有关的文件或信息，检察员必须依据法案有关规定，向当事人出示文件以及交流相关信息。在整个过程中，检察员有保密的责任。

（8）立法权限制度。《世界遗产保护法案》授权总督可以制定保护遗产的相关规章，但是这些规章应不与《世界遗产保护法案》相冲突。在法案允许范围内，规章能规定部分事项，例如，规定如何实行法案，如何使法案有效等。声明某一遗产是文化遗产或自然遗产，规定帮助州和领地认定、保护、保存、展示和复原属于文化遗产或者自然遗产的遗产的方法。

二、南非世界文化遗产法

（一）南非遗产基本法律

南非重视遗产立法工作。自从南非第一批遗产诞生以来，南非颁布了《世界遗产公约法案》《国家遗产资源法案》以及《国家遗产委员会法案》等法律，这一系列法律的颁布是为了保护和管理世界遗产。此外，南非还在1983通过了《文化促进法案》，1997年颁布了《国家艺术委员会法案》，1998年颁布了《南非地名命名委员会法案》以及《文化机构法案》，这些法案都是为了保护文化遗产而立。

遗产是国家重要的资源，这一概念是《国家遗产资源法案》的立法理念。

遗产是具有价值的资源，需要社会的保护以及合理的管理。《国家遗产资源法案》以立法的形式规定了遗产管理、保护的方式和遗产资源的性质，专门设置了遗产资源署这一机构对遗产资源进行管理。不仅如此，法案还给遗产评估划分了等级以及标准，创建了三级管理体制，分别是国家级、省级、地方级。根据法案精神，遗产可分为国家遗产、省级遗产以及其他遗产。国家遗产资源署管理和负责国家级资源，省、地方机构负责管理省级和地方级的资源。遗产检察员由国家级和省级管理遗产的机构直接任命，不论在什么时候，检察员都有权力检查其职责所在的遗产地。

南非遗产管理的总方针和总原则是《国家遗产资源法案》的宗旨。法案为管理遗产资源建立了一套完整的体制，在促进南非政府和民间对遗产的保护方面具有重大意义。不仅如此，法案还为南非提供了一个专门鉴定、管理、评估国家遗产资源的综合机制；为强化管理遗产资源特设立遗产资源署；为保护重要意义的遗产资源设定管理标准；严格控制遗产资源的出口，禁止非法遗产资源的进口；推动各省各地方建立遗产管理和遗产保护机构，且给予其相应的权力；规定了当地地方政府应该对有价值的遗产进行管理和保护。

建立国家级的遗产委员会是《国家遗产委员会法案》的立法目的。保护国家重要遗产资源是国家遗产委员会的目标，具体包括保护和传播非物质文化遗产和文化，协调资源的管理，支持并鼓励对南非历史文化的研究，促进各遗产管理机构直接的配合和联系等。委员会的职责主要包括：在遗产事务方面向文化艺术部长提出相关的政策建议；在遗产资金分配上对文化艺术部长提出相应建议和要求；配合有关遗产机构的遗产项目或活动；在遗产管理、研究和展览方面提出建议；联络其他国家的遗产组织；筛选要记录在《世界遗产名录》的遗产并对其采取保护措施。此外，国家遗产委员会有动议权，旨在推动和加速省、地方社区的非物质文化遗产项目认定。

（二）南非《世界遗产公约法案》的制度

南非《世界遗产公约法案》是全球关于世界遗产保护的现行有效的专门性法律，对中国世界文化遗产立法具有非常重要的借鉴参考价值。

（1）遗产提名认定制度。部长依照《世界遗产公约法》的相关规定，规定世界遗产提名的有关程序。遗产被提名之后，部长或者是部长指定的团体需要对该遗产做相关的认定工作，且对被提名的世界遗产是否可以列入遗产名录开展意愿调查。

（2）世界遗产管理机构的设立撤销制度。世界遗产管理机构的设立分为两种情况：第一种情况，具有管理机构作用的国家机关在管理或者是配合管理一项世界遗产时，部长在与相关部长协商后，在政府公告上宣布上述国家机关为管理遗产的机构，拥有应诉和起诉的资格，该机构会新增有关世界遗产的职责和权力。第二种情况，新的遗产管理机构的设立。部长有权力在政府公报上发布建立遗产机构的公告，这个机构同样拥有应诉和起诉的权利，拥有法律所赋予的各种权力及职责。

世界遗产管理机构的撤销也分为两种情况：首先，部长可以按照《世界遗产公约法》的相关规定和内容，在任意时间，对世界遗产管理机构履行职责情况展开调查。如果调查结果证明遗产管理机构没有依法履行相关职能，部长应当向议会说明情况并请议会和委员会予以考虑。其次，要是议会通过决议，同意对遗产管理机构的工作职权进行暂停、撤销等处分，甚至废除该遗产管理机构，部长要根据议会的决定，切实执行决定。

（3）世界遗产土地利用制度。部长经与公共事业部长协调一致，可为本法所涉及与世界遗产有关目的而购买任何不动产并予以储备。同财政部长商议并达成一致后，部长可以把国家不动产给予机构，使机构能够切实履行其职责，达成机构所设定的目标。当机构接受不动产以后，在没有得到财政部长和部长统一出示的书面同意书之前，不能租赁或者转让不动产，也不能在不动产上设置财政上的负担。

（4）委员会的设立与工作人员任命制度。在委员会设立的过程中，部长需要保证委员会成员具有学科的多样性及参与的广泛代表性，成员要有履行遗产机构职能的能力。遗产机构委员会成员可以包含但不局限于以下代表：政府部门，文化部门，自然保护部门；自然保护团体；遗产保护团体；非政府组织；国际文化组织等。委员会的职权包括：负责管理机构及制定相关政策；对遗产机构的内部人员进行指导并对其活动进行监督和管理；协调同其他委员会的关系。部长有权检查委员会成员的行为是否规范，有权检查委员会的决定和所制定的政策是否合理。一旦遗产机构委员会设立了相关的机构，则该机构的行政部门人员需要由委员会任命，而机构的首席执行官由委员会提名，最终由部长任命。首席执行官有权利和责任监督、管理行政部门工作人员。保证行政工作人员学科的多样性及广泛代表性，这对履行机构职能具有重要意义。

（5）世界遗产综合管理规划编制制度。各机构必须为处于其管理下的世界遗产编制并实施综合管理规划，以履行公约规定。机构必须遵循综合管理规划处理其事务。一个刚成立的机构应该提交其综合管理的规划，第一份规划应该在机构成立的六个月之内提交，也可以在部长确立的最晚时间里提交。机构在管理遗产的时候，必须依据有待部长同意批准后的综合管理规划。当收到机构提供的综合管理规划，与委员会商量后，部长应该及时反馈，批准规划或者拒绝批准规划。被拒绝的规划按照部长的要求修正以后，能够再次提交。规划一旦被批准，即可生效。遗产机构要将批准同意后的规划在其工作场所展示，以供群众随时查阅。综合管理规划的有效时间应达到五年及以上。如果遇到特殊情况，如新情况、新危机的到来，或者整个形势发生变化，机构能够向部长申请，请求批准重新审查或者修改综合管理规划。

（6）世界遗产经费管理制度。在合法的范围内，机构能够接收资金或者筹集资金。通过和财政部长协商后，部长能够规定资金的筹集、接收。

对于接收和筹集到的资金，机构在使用时必须依据经过部长同意且批准后的机构事务、财务规划。机构应在财政年度结算30日之前，将下一年财务规划交给部长并申请批准。下一年机构准备开展的活动、项目等都需要出示在财务规划中。在财政年度结束之后的六个月里，机构首席执行官需要将财务表提交给总审计师，由总审计师开展审计。在财政年度结束之后的六个月里，审计机构也需要提交年度报告给部长。

第三节　中国世界文化遗产法律体例

无论是国家立法权的行使还是法律的制定和修改，都是由全国人民代表大会和全国人民代表大会常委会所进行的工作。由全国人民代表大会对基本法律进行制定及修改；其他法律由全国人民代表大会常务委员会负责制定和修改（除基本法外），对于全国人民代表大会指定的法律可以在人大闭会期间进行部分修改与补充，但是不能抵触该法律的基本原则。从法律的效力上来讲，法律大于行政法

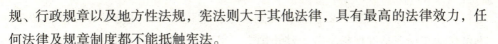

规、行政规章以及地方性法规，宪法则大于其他法律，具有最高的法律效力，任何法律及规章制度都不能抵触宪法。

一、宪法中的相关法律

（一）《中华人民共和国文物保护法》的地位与制度

从立法实践看，国际立法采取分别立法模式，先后制定了《保护世界文化和自然遗产公约（1972）》和《保护非物质文化遗产公约（2000）》。中国文化遗产立法采取的也是分别立法模式，《中华人民共和国文物保护法》的调整对象是物质文化遗产即文物，《中华人民共和国非物质文化遗产法》的调整对象是非物质文化遗产。

《中华人民共和国文物保护法》是第一部规定了保护文物二档基本原则、方针、制度及措施的文化领域的法律，同时也依据这部法律开展了文物工作以及对专门性或者地方性的文物保护法规制度进行制定。这部法律是文物保护方面的"基本法"，同时这部法律具有行政法的性质。①

《中华人民共和国文物保护法》是为了保护文化遗产所制定的一部综合性法律，这部法律从对文物保护的目标、原则进行规定，对保护范围进行界定，对于国家、自然人及法人对文物保护的权力、责任及义务进行确立，同时也设立了文物保护机构及其管理的职责；将政策中的"保护为主，抢救第一，合理运用，加强管理"的文物保护方针提升至法律的层面；同时对文物保护的各项管理措施都进行强化；对法律责任规定进行了完善，提高了文物行政部门的执法权力，文物行政部门有权予以经济、行政处罚或责令改正；对"五纳入"的内容进行吸收，明确规定了各级政府有职责保护本辖区的文物；同时也明晰了文物的所有权性质。

《中华人民共和国文物保护法》采取了一种新的财产法保护模式，即公权与私权相结合的方式，对于公家及个人对于文物保护的权力及义务进行创设。首先，公权保护：①国家保护权利主要包括：确认国家所有权，文物保护单位指定权，事先同意权，利用限制权，审批权，考古权，收藏权，优先购买权，禁止出

---

① 孙克勤. 中国的世界遗产保护与可持续发展研究［J］. 中国地质大学学报（社会科学版），2008，8（3）：36－40.

境权；②国家保护义务主要包括：规划义务，财政义务，宣传义务，修缮义务，不可移动文物完整性保护义务，禁止国有不可移动文物转让抵押或作为企业资产经营义务，安全保障义务，禁止馆藏文物赠予、出租、出售义务；其次，私权保护：①私人保护权利主要包括：确认私人所有权，收藏权，经营权；②私人保护义务主要包括：非国有不可移动文物限制转让、抵押或者改变用途义务，修缮义务；最后，法律责任：刑事责任、民事责任、行政责任。

《中华人民共和国文物保护法》确立了文物保护的基本制度：文物所有权制度；文物保护单位制度；分级负责、属地管理制度；奖励制度；历史文化名城、街区、村镇保护制度；文物保护单位"四有"制度；原址保护制度；使用用途管制制度；公益利用制度；考古发掘资质资格制度；藏品档案制度；文物调拨、交换、借用制度；文物修复制度；民间文物收藏制度；文物拍卖制度；文物出境进境制度；法律责任制度。

（二）《中华人民共和国非物质文化遗产法》与《中华人民共和国旅游法》

1.《中华人民共和国非物质文化遗产法》

《中华人民共和国非物质文化遗产法》的出台是中国对于非物质文化遗产保护领域进入法律保护的新阶段的标志。它是继《中华人民共和国文物保护法》之后的中国文化遗产领域的第二部法律。它是一部强调各级政府应在非物质文化保护工作中起到主导作用的一部行政法，强化政府依法行政的自觉意识。第六条规定县级以上人民政府应当将非物质文化遗产保护、保存工作纳入本级国民经济和社会发展规划，纳入本级财政预算。第十一条规定县级以上人民政府根据非物质文化遗产保护、保存工作需要，组织非物质文化遗产调查。非物质文化遗产调查由文化主管部门负责进行。第十八条是对国家级非物质文化遗产规定，国务院对其中的代表性项目建立名录，将具有重大历史、艺术、科学和文学价值的及体现中华民族优秀传统文化的非物质文化遗产项目列入名录并予以保护。第二十六条规定对于代表性的项目集中、特色鲜明及特定区域形式和内涵保持完整的非物质文化遗产可以由当地的文化主管部门进行专项保护规划的制定，经本级政府批准后实行对于文化遗产的区域性整体保护，应当保护非物质文化遗产组成部分的场所以实物，为了避免文化遗产遭到破坏，也应当尊重当地居民的意愿。第三十七条规定在有效保护的基础上，通过利用代表性的非物质文化遗产开发具有市场潜力的民族、地方性特色的文化产品和文化服务，国家将会支持与鼓励发展非物质文化遗产的这种特殊优势。

2. 《中华人民共和国旅游法》

《中华人民共和国旅游法》一共十章一百一十二条，其中分为总则、旅游者、旅游规划与促进、旅游经营、旅游服务合同、旅游安全、旅游监督管理、旅游纠纷处理、法律责任及附则。这部法律强调的是，依据法律合理地运用旅游资源。《旅游法》第四条规定旅游业的发展应当遵循社会效益、经济效益与生态效益相统一的原则。国家鼓励依法合理运用旅游资源，前提是各类市场主体要有效地保护旅游资源。利用公众资源建立的游览场所应当体现公益性质。第二十一条规定，必须严格遵守相关法律法规的规定，符合文物安全及资源、生态保护的要求，从而对自然资源和人文资源（文物等）进行旅游利用，同时要对当地的传统文化及民族进行尊重和维护，也要考虑军事设施的保护需要，以及维护资源的区域整体性、地域特殊性及文化代表性。有关的主管部门应当加强对旅游利用状况和资源保护状况的监督和检查。

《中华人民共和国旅游法》是一部行政法，具有四大立法特色：第一，综合法，将中国旅游业发展中最根本、最重要的问题囊括其中，立法成本小、效力高；第二，人本法，保护旅游者合法权益是主线；第三，衔接法，充分与现行法律原则和国际通行做法相衔接；第四，规划入法，独设专章，这是立法创新，极具中国特色。

二、行政法规中的相关法律

国务院根据宪法和法律，制定行政法规。行政法规是以国务院为领导和管理国家各项行政事务，根据宪法和法律制定的各类法规总称。行政法规的效力高于地方性法规、规章。

（一）《中华人民共和国文物保护法实施条例》与《长城保护条例》

1. 《中华人民共和国文物保护法实施条例》

《中华人民共和国文物保护法实施条例》是《中华人民共和国文物保护法》的具体化，使其更有可操作性。

首先，具体了文物保护单位的"四有"制度，这"四有"指的是有标志说明，有保护范围，有专人或者专门的机构管理，有记录档案。明确规定了文物保护单位的保护范围和建设控制地带的含义、标志说明设立、标准划定、记录档案建立、专门机构设置及指定和聘请专门人员的具体制度；其次，对获得文物保护工程资质证书的条件进行了明确。承担文物保护工作的单位应当同时具有相应等级的文物保护工程资质证书（由文物行政主管部门颁发）以及相应等级的资质证书（由建设行政主管部门颁发）；再次，对出土文物的国家所有权及考古发掘单位的资质条件进行明确；最后，则是明确了馆藏文物的安全规定。文物收藏单位应该对文物的接收、鉴定、编目、档案制度、出入库、注销和统计制度、库房管理制度、登记、修复和复制制度、保养制度进行建立；同时也应该规定馆藏文物的交换、借用条件，修复、复制、拓印、拍摄馆藏文物的审批制度，修复、拓印、复制馆藏文物的资质条件。同时，明确文物经营单位的条件，规范文物经营活动。

2. 《长城保护条例》

《长城保护条例》是中国第一部针对单项世界文化遗产制定的专门性法规。《长城保护条例》的施行，表明国家高度重视长城保护，在法律层面上把公民的认识和行为引导到依法保护和利用长城上来，标志着长城保护从此走入法治轨道。

（1）强化保护长城意识。要对长城进行整体保护、有效管理和规范利用，首先得从人出发，从法律规范底线出发。公民、法人和其他组织都有依法保护长城的义务。

（2）明确破坏行为的法律界限。《长城保护条例》以行政法规的形式，明确规定了与长城有关的法律责任。对于破坏长城的行为将会由专门机构依法进行惩处，同时对情节严重者有可能使其担负刑事责任。在长城保护总体规划中禁止工程建设的范围内，任何单位及个人都不得进行工程建设。进行工程建设的单位和个人，不得拆除、穿越、迁移长城。

（3）确立长城保护总体规划制度。国务院文物主管部门同其他部门针对长城保护做出总体规划，由国务院批准后开始实施。长城所在地的人民政府都应该落实长城保护所规定的保护措施。

（4）分责地方政府，解决跨界纠纷。长城的保护工作被国家实行整体保护、分段管理的机制。国务院文物主管部门则对长城的整体保护工作进行负责,协调并解决长城保护工作中的重大问题,同时对长城所在地的各地方政府对于长城的保护进行监督与检查。长城所在地的县级以上政府应该将长城保护经费纳入本级政府的财政预算。长城段落处于行政区域边界的,其毗邻的县级以上的地方政府应该定期召开相关部门的联合会议,共同研究,讨论解决长城保护中的重大问题。

(5)规范长城开放和利用活动。《长城保护条例》对于将长城开辟为参观游览区的原则、条件及相应的备案程序进行了规定,同时也规定了旅游容量的指标核定标准。这两个指标都应该由省级以上政府的文物主管部门进行核定,不能超标。

(6)建立长城保护的社会参与制度。国家鼓励设立长城保护基金。长城所在地的县级人民政府或者文物主管部门可以对地处偏远、没有利用单位的长城段落聘请长城保护员进行巡查以及看护,同时可以对长城保护员进行适当补助。

(二)《历史文化名城名镇名村保护条例》与《古生物化石保护条例》

1.《历史文化名城名镇名村保护条例》

《历史文化名城名镇名村保护条例》一共六章四十八条,六章分别为总则、申报与批准、保护规划、保护措施、法律责任及附则。《历史文化名城、名镇、名村保护条例》强调,应当根据科学规划、严格保护的原则对历史文化名城名镇名村进行保护,延续并且保护其历史风貌和它的传统格局,对中华民族历史文化遗产的真实性和完整性进行维护,继承发扬中华民族的传统文化,对于历史文化遗产的保护和社会经济发展之间的关系进行正确的处理。

《历史文化名城名镇名村保护条例》首先为了科学合理地确定历史文化名城、名镇、名村,规范文化名城、名镇、名村的申报与审批,明确了历史文化名城、名镇、名村的申报条件、审批程序及权限;对历史文化名城、名镇、名村的有关地方政府的保护责任进行加强;其次,为了保护规划的编制、修改及审批的规范,保障保护规划科学民主与公开,条例明确了保护规划的编制主体、时限及审批主体,为了强调保护规划的权威性,明确保护规划的内容、编制程序以及期限;最后,为了加强保护历史文化名城、名镇、名村,条例中明确实施整体保护的原则,对政府的保护责任进行强化,严格规定了保护措施,在保护范围内严禁举行任何活动，同时明确规定了相关主管部门以及政府对于保护历史建筑的法律责任，对破坏传统格局以及历史风貌的行为建立了严厉的处罚方法，对行政处罚的种类以及法律责任的多样化进行重点设立。

2. 《古生物化石保护条例》

《古生物化石保护条例》共六章45条，六章分为总则、附则、古生物化石发掘、古生物化石收藏、古生物化石出入境以及法律责任。古生物化石指的是由于历史地理原因，在地质历史时期形成的在地层中储存的动物及植物的实体化石以及遗迹化石。古人类化石、古猿以及第四纪的古脊椎动物等与人类活动相关的化石将会根据国家文物保护的有关规定进行保护。对于古生物化石，我国实行分类管理、科研优先、合理利用以及重点保护的原则。

全国古生物化石保护工作由国务院国土组员主管部门进行主管。对于古生物化石的划分，根据生物进化以及生物分类上的重要程度分为了重点保护古生物化石以及一般保护古生物化石。重点保护古生物化石名录由国家古生物化石专家委员会拟定，由国务院国土资源主管部门批准并公布。重点保护古生物化石集中的区域，应当建立国家级古生物化石自然保护区；一般保护古生物化石集中的区域，同时该区域已经发现重点保护古生物化石的，应建立地方级古生物化石自然保护区，《古生物化石保护条例》明确规定了古生物化石发掘、收藏、进出境的条件和审批程序，对违反规定破坏古生物化石管理的行为规定了明确的法律责任。

三、地方性法规中的相关法律

较大的市的人民代表大会和常任委员会可以根据当地的实际情况，在地方制定法规。经过当地或自治区人民代表大会常务委员会批准后开始执行。地方区制定的法规的效力是比本级和该级以下的规章制度要高的。我国建立的155个民族自治地方，比如自治区、自治县、自治州有权利根据当地的政治情况，经济和文化特征，制定属于当地的自治条例和条例规定。

（一）《四川省世界遗产保护条例》与《甘肃敦煌莫高窟保护条例》

1.《四川省世界遗产保护条例》

《四川省世界遗产保护条例》是中国首个以世界遗产为主题立法的地方性法规，在中国法律体系特别是中国世界遗产法律体系中为首创，为不同层级的世界遗产立法探索了路径，提供了借鉴。《四川省世界遗产保护条例》是中国首次对世界遗产进行地方人大立法和综合性立法，以完整的形式、规范的程序，为其后的世界遗产立法起到了示范作用，并为将来国家层面世界文化遗产立法积累了经验。条例的立法逻辑完整，文本精练，具有可操作性。

（1）保护原则。保护世界遗产的基础是在保护、合理开发和利用的前提下，进行有效保护、综合管理、科学筹划和可持续利用。如果世界遗产跨越行政区，则应遵循资源共享、共同保护、共同开发和共享使用的原则。

（2）分区保护。世界遗产应该进行分区保护，从保护范围出发，按照总体规划的标准可以分为三个区域：核心区、保护区以及外围保护区。

（3）规划制度。各地的《世界遗产总体规划》是由世界遗产地的县级以上的人民政府制定的，按照相关要求，世界遗产应该经当地建设管理部门审核并征得有关部门同意后，提交给当地政府批准。一旦经过批准，任何单位和个人都不得更改已批准的世界遗产总体规划。

（4）建立理事机构。县级以上世界遗产的人民政府应当设立理事机构，负责世界遗产的使用和管理。世界遗产地内的所有单位均应由世界遗产组织机构进行管理。

（5）移民安置制度。处于世界遗产核心区的人口如果超过世界遗产总体计划确定的人数，则应当对这些人采取必要的安置措施。世界遗产地县级以上的公民政府应制定安置计划，在得到上一级批准后可以实行。

（6）使用制度。根据相关条例，任何单位和个人不得转让世界遗产资源。属于世界遗产保护范围的任何单位和个人，必须遵守有关规定去管理世界遗产的资源和设施，维护公共秩序和保护环境卫生。

（7）监控制度。世界遗产所在地的人民政府、相关的部门需要定期监测世界遗产保护的状况，并根据有关规定向省级人民政府相关部门提交监测和评估的报告

（8）维护制度。在世界遗产范围修复或恢复文化和历史遗址时，原始功能应该保持不变。世界遗产管理机构应准确标志说明自然和人文景观。

2.《甘肃敦煌莫高窟保护条例》

正式实施《甘肃敦煌莫高窟保护条例》的敦煌莫高窟，标志着中国第一批重点文物和世界遗产已经进入了法制化的保护。《甘肃敦煌莫高窟保护条例》共分为五章，细分为41条：总则，保护对象和范围，保护管理和使用，奖赏与处罚，补充规定。

《甘肃敦煌莫高窟保护条例》的颁布，首先提供给敦煌研究院和相关管理机构保护的目标和范围，并进行了有效区分，扩大主要保护区，确定普通的保护区。其次条例规定奖励为保护文化遗迹做出贡献的人，也提出了相应的惩罚措施。不仅如此，赋予了政府保护文化遗迹的职责和一些执法职能。根据《甘肃敦煌莫高窟保护条例》规定，敦煌莫高窟保护区的旅游业基本建设和发展应当遵守保护文物的准则，其工作不应对文物和环境造成破坏。如果需要进行拍摄，应当在获得批准的前提下，缴纳一定费用。

（二）《陕西省秦始皇陵保护条例》与《杭州西湖文化景观保护管理条例》

1.《陕西省秦始皇陵保护条例》

《陕西省秦始皇陵保护条例》的出台结束了长期以来秦始皇陵缺乏法律保护的尴尬局面。《陕西省秦始皇陵保护条例》对秦始皇陵的所有权做出了明确规定，秦始皇陵的所有文物不属于企业资产，任何单位和个人不得非法进行任何交易，因为秦始皇陵的这些文物是属于国家的。

《陕西省秦始皇陵保护条例》对保护对象加以列举规定，将保护区分为保护区和建设控制区；明确保护机构，秦始皇陵的整个保护工作由省级人民政府领导，地方人民政府——西安市和临潼区以及有关乡镇应该具体落实保护工作，秦始皇陵保护工作过程由省文物行政部门进行监督和管理。对于经费的使用情况应做到公开、透明、用在实处。任何部门和个人都不得挪用公款，进行非法使用，营业期间的所得收入都应用于文物保护。对保护范围的违法行为做出了明确规定，规范游客行为；对保护范围的建设工程实行政府批准措施来保证地下文物遗产的安全。

2. 《杭州西湖文化景观保护管理条例》

在正式实施《杭州西湖文化景观保护管理条例》后，处于"后申遗时代"的西湖文化景观平稳地走上法治轨道。不仅对西湖文化环境提供了有效的保护和管理，同时为西湖的保护和管理提供了可靠的法律保证并明确了保护对象。文化遗产的普遍价值应该突出，像西湖的文化景观和自然山水、"西湖十景""三面云山一面城""两堤三岛"等向世人展示的具有代表性的文化景观是审美特征与精神价值的重要载体，必须按照条例加强保护。

《杭州西湖文化景观保护管理条例》明确定义了西湖文化景观的保护要求，西湖文化景观保护的管理必须在真实的前提下，全面保存历史信息和遗产的所有价值。根据《中国文物古迹保护准则》和《保护世界文化和自然遗产公约》的要求，应当以保护为中心，利用与管理为辅助的原则，确保文化遗产的真实和完整性。

第四节 中国世界文化遗产保护管理研究

如何使世界文化遗产保护真正发挥出其工作示范效应，使中国文化遗产事业不断向前发展？其根本途径就是：完善中国世界文化遗产相关的保护条例，使世界文化遗产相关的法律更好地发挥作用。

中国世界文化遗产保护条例的应有之义是继承《保护世界文化和自然遗产公约》中的核心思想，传递至法规、规章，使法律精神不断延续、法律规范从中国实际出发，这样，它的内容要素就变为国内法的核心，其形式构成同样如此。

一、中国世界文化遗产保护条例的基本内容

（1）总则。第一，立法目的，主题定位要明确，立法意义不能空泛，只有这样，法律线索才能清晰完整；第二，适用的对象及范围；第三，指导思想及基本原则；第四，公民、法人及其他组织的遗产保护；第五，奖励制度；第六，补

偿制度。

（2）管理体制。设立管理世界文化遗产事务的行政组织，这是行政法意义上的具有行政主体资格并行使行政权的组织机构。第一，管理部门的职责划分；第二，分级管理制度；第三，管理机构的地位、设立程序、组织规模、基本职责和管辖范围；第四，遗产工作者的准入制度。

（3）申报。第一，申报政策和前置条件；第二，申报前期准备；第三，申报工作程序；第四，《中国世界文化遗产预备名单》。

（4）规划。第一，保护规划的地位；第二，保护规划的编制程序；第三，保护规划的基本要求。

（5）保护。第一，保护手段；第二，保护措施；第三，确定功能区划，完善具体区块的具体管理制度，划定保护的范围以及建设的控制地带；第四，对世界文化遗产进行标志；第五，档案管理。

（6）监测。第一，监测类型；第二，巡视类型；第三，监测机制；第四，巡视机制；第五，世界文化遗产监测预警系统；第六，《中国世界文化遗产预备名单》。

（7）管理。第一，旅游管理；第二，土地管理；第三，产权管理；第四，资金管理，包括公共财政资金和事业性收入管理；第五，突发事件应急管理。

（8）利用。第一，限制活动的范围；第二，限制活动的种类、方式、工具及规模；第三，限制活动主体的义务；第四，限制活动的审批程序。

（9）社会参与。第一，社会参与的程序和途径；第二，志愿者制度；第三，社会捐赠规定；第四，国际援助规定；第五，世界文化遗产保护基金规定；第六，社会资本投资规定；第七，听证程序。

（10）宣传与教育。第一，遗产宣传方法；第二，遗产教育机制；第三，对外开放机制；第四，免费开放或优惠开放的政策。

（11）罚则（法律责任）。行政责任、民事责任和刑事责任；增加对政府滥用行政权力的约束。

（12）附则。第一，生效日期；第二，立法解释权。

上述中国世界文化遗产保护条例的基本构成旨在抛砖引玉，拓展讨论空间。中国世界文化遗产保护条例的立法内容应当优先搭建法规框架，推动其出台实施，树立总法规"旗号"，边法规实践、边总结完善，这是一个永续的"进行时"。

二、中国世界文化遗产保护条例的基本制度

（1）保护主体制度。《保护世界文化和自然遗产公约》明确提出，各缔约国要建立专门的机构去管理遗产的保护保存及展出工作，招聘相关专业人才，制订相关计划。确立遗产保护主体制度，明确中央政府和地方政府的分级、分类管理职责，制定管理、保护和监督机构的标准和程序，建立遗产保护管理人员资格准入制度。

（2）分区管理制度。划定世界文化遗产地的核心区、缓冲区、开放区以及建设控制地带，逐步形成"区内景、区外商""区内游、区外住"的工作格局。严密确定功能区划的基本条件和法定程序、分区保护管理原则，严格限定遗产功能区划的调整条件和法定程序。

（3）保护规划制度。保护规划是世界文化遗产保护的核心措施。依法为每项世界文化遗产制定保护规划，划分保护区域、制定保护方案、规定保护措施，世界文化遗产在保护管理过程中具有明显的差异性。世界文化遗产保护、管理、监督、评估不是随意的，而是根据世界文化遗产保护规划而来的，这一规划又是经过法定机关批准的。

（4）遗产保护制度。坚持真实性和完整性原则，构建中国特色文化遗产保护制度。强调文化遗产保护传统工艺、技艺的传承以及现代科学技术的应用和推广。

（5）遗产利用制度。构建遗产资源利用制度、遗产利益权衡机制、遗产特许经营制度。遗产资源用途管制制度有以下要求：严格设定标准及程序、注重监督的力量，真正落实遗产资源开发利用的事前、事中、事后监督规程和约束机制。

（6）监测巡视制度。明确世界文化遗产监测的主体、职责、内容和程序，将国家、省和世界文化遗产地三级检测工作机制严格规范起来。完善世界文化遗产监测预警体系，对世界文化遗产进行监测，监测可以分为两种，一种是日常监测，一种是定期监测。

（7）专家咨询制度。制定世界文化遗产专家咨询委员会设立、专家聘任、定期例会制度，构建世界文化遗产研究制度。

（8）遗产产权制度。建立世界文化遗产区域土地使用制度、遗产资源权属制度、社区居民权益保障及遗产保护补偿制度。

（9）遗产旅游制度。制定遗产旅游设施建设限制性规定，构建游客承载量调控制度、景区轮休制度以及遗产门票管理制度。

（10）经费保障制度。建立世界文化遗产保护专项资金的公共财政预算制度、事业收入（含门票收入）管理制度、社会资金和国际基金参与世界文化遗产保护的优惠政策制度。

（11）宣传教育制度。建立世界文化遗产展示制度和公共文化服务制度，逐步构建将世界文化遗产教育纳入国民教育的工作机制。

（12）社会参与制度。在世界文化遗产管理中有一个特别的角色，那就是社区，其存在有着十分关键的作用。社区参与既可以使合作更加紧密，又有助于冲突的减少，它对于社区，对于管理者而言都是有利的。就社区来说，它的参与可以让社区对遗产管理相关的工作、观点有更深刻的理解；就管理者而言，可以更加了解社区真正需要的是什么。中国在进行世界文化遗产管理体制中，占主要地位的是行政管理，相关制度建设更具有系统性。社会力量相对而言是次要的，其中还存在着一些问题，如盈利性社会力量在参与过程中缺乏约束，非营利性社会力量又太少。应当抓紧建立社区协商咨询制度，启动社区经营项目。

（13）中国世界文化遗产预备名单制度。制定评定标准、评定程序，建立中国世界文化遗产预备名单动态管理制度。

（14）法律责任制度。建立世界文化遗产保护目标管理责任制和行政责任追究制。界定世界文化遗产违法行为及犯罪行为的类别，明确其民事责任、行政责任及刑事责任的承担方式和处罚力度。从实际效果考虑，要加大行政处罚力度，加快组建统一的综合行政执法机构及执法队伍。

三、中国世界文化遗产保护条例的基本原则

立法原则是所有法律应当首先明确的基本内容，它作为法律规范的基础而存在，具有综合性及稳定性。世界文化遗产立法的原则是指去调整一些社会关系，这些社会关系是因为保护保存及展示利用和传承世界文化遗产而发展起来的。法律实践是法律原则的基础，就已知的规定的法律目的及事务范围，一些原则已经属于成熟理论，然后将它们继续提炼，成为法律的一分子，法律原则在效力方面不同于一般规则，它可以指导某项规则的制定，体现了法律宗旨，是立法精神较为直接的表达。世界文化遗产立法应当坚持从本国国情出发，本着统筹兼顾、严格保护、合理布局、有效管理、合理利用、和谐发展的总体方针予以全面推进，

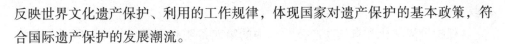

反映世界文化遗产保护、利用的工作规律，体现国家对遗产保护的基本政策，符合国际遗产保护的发展潮流。

（一）人类共利的原则

文化遗产属于人类共同财产，各国文化遗产都是全人类遗产的组成部分。《关于古迹遗址保护与修复的国际宪章》特别指出，历史古迹是一代代人历史活动的结果，是过去遗留给现代的宝贵财富，见证了人类的发展。人类的价值具有统一性，这一点已经被更多的人认识到，古代遗迹不再是某个国家的财富，保护遗迹也不再是某个国家的责任，这些财富和责任分担到了整个人类的身上，人类具有将它们传承下去的责任。《保护世界文化和自然遗产公约》强调部分文化遗产因其特殊的重要性，使得人们必须把它作为全人类的遗产去保护。人类共同利益原则确立了国家对文化遗产的国际保护义务，同时促成国际合作，以解决国际间属于经济、社会、文化及人类福利性质的国际问题，奠定文化遗产保护和立法行动的国际合作基础。人类共同利益原则与可持续发展战略也是相互贯通、相互依托的。可持续发展战略包含三项基本价值原则：第一，全人类利益处于首要地位；第二，生存利益是首要利益；第三，人类进行活动时，总是要极力满足自身需要，但这种满足不能以破坏后代的发展为前提，人类不仅要保护和改善我们所处时代的环境，也要维护后代的利益，维护文化的多样性。

世界遗产是全人类的遗产，保护这类遗产对整个人类都十分重要，所有的国家都应负担起这一责任，国际合作的基本原则也就随之诞生，《联合国宪章》倡导的国际法的基本原则包含很多，其中一个就是国际合作。对于世界遗产的保护，在不损害国家主权的前提下，积极开展国际合作，加强采取合作而非对抗的方式协调一致地行动，有利于促进世界遗产保护的改善。《保护世界文化和自然遗产公约》要求在世界遗产缔约国竭尽全力保护的基础上，国际社会应当提供集体性援助参与保护世界遗产。公约规定了国际援助的条件，公约的所有缔约国均可要求对本国领土内的世界遗产进行国际援助。

（二）国家主权的原则

就世界遗产保护而言，国家主权原则是指在世界遗产保护过程中，每个国家无论大小都拥有本国世界遗产的主权，对于本国管辖范围的遗产保护问题，具有最高的处理权和对外独立性，任何国家不得以保护世界遗产为借口，干涉他国内政。

《保护世界文化和自然遗产公约》中的第四条明确表示，各缔约国承担着本国内有关遗产的各项活动的责任，包括遗产的确定、保护保存及展出，也包含其遗传后代的过程。各缔约国应尽自己的一切能力，去保护本国遗产，当遇到不可解决之困难时，可要求国际援助，尤其是在财政、艺术、科学和技术方面。该公约的第六条也明确提出，公约中提及的遗产既是该国的遗产，其他国家不得损害，但同时又是世界的遗产，各国都有责任对其进行保护。

这实际上是国家主权原则在《保护世界文化和自然遗产公约》中的具体体现。《保护世界文化和自然遗产公约》在对《世界遗产名录》的列入规定中同样体现了尊重他国主权：把一项遗产列入《世界遗产名录》需要事先征得有关缔约国的同意或者由缔约国提名推荐。

（三）公共利益的原则

当今世界，公共利益的重要性已经被人们认识到，世界遗产作为一种公共利益，它不是简单的物质财富，而是一种精神财富，富含丰富的精神文化内涵，即使各国的意识形态各有不同，文化传统各有特色，但在各缔约国内，甚至是在国际社会，人们越来越将公共利益放在优先地位。世界遗产的深刻意义体现在每个人中，体现在群体、民族甚至是全人类。世界遗产的公共利益色彩比一般财产要强烈得多。

保护公共利益原则是世界遗产的最根本的原则，其他一切原则都是保护公共利益原则的辅助性原则，都是实现公共利益的不同途径，其直接目的是保护世界遗产。

（四）权力集中的原则

权力集中是指集中行政权力，使得世界文化遗产的管理权、审批权、处罚权、监测权，集中于一个系统的行政组织，集中于一个遗产地的管理机构。按照统一精简效能原则，实行行政职能有机统一的管理体制，整合世界文化遗产保护主体，在世界文化遗产保护工作中，国家文物局起主管地位，在完善国家级世界文化遗产保护部际联席会议协调机制中、在解决各项重大问题中发挥着重要作用。

省级人民政府根据本省的世界文化遗产，建立对其进行保护管理的相关协调机制，统筹规划本地区的管理工作。提高世界文化遗产地的管理层次和机构级别，强化省级人民政府的世界文化遗产管理责任。探索将部分珍贵的、极具代表性的世界文化遗产地，由分权管理体制集中到中央管理，至少集中到省（市）级管理。按照真实性和完整性的基本要求，设立权力集中的专门的遗产管理机构，加强世界文化遗产区域的统一管理，力戒遗产区域的分割管理，逐步实现一个区域一个机构管理、一个部门主管，达到政令畅通、管理有效、秩序井然。

（五）保护优先的原则

有效保护、保存和展示文化遗产，是《保护世界文化和自然遗产公约》的基本要求。要把保护遗产、传承文明作为世界文化遗产工作的根本。基于文化遗产资源的不可再生性和保护脆弱性，保护与利用之间，遗产立法必须确立的是保护的绝对优先地位；社会效益与经济效益之间，立法必须确立的是社会效益的绝对优先地位。

世界遗产是不可再生的，它重要、珍稀、脆弱，所以，保护遗产是刻不容缓的，是要放在第一位的，进行开发、利用和管理时，要时刻考虑遗产保护和保存问题，使其有利于遗产的保护和保存，这是前提、是基础，也是根本，推动着遗产保护事业不断向前发展。要把保护放在优先地位，在不断利用的过程中进行管理，使其传承下去。

坚持依法保护和科学保护，遵循遗产保护规律，保护遗产的真实性和完整性，保护遗产的自然环境和人文环境。建立科学保护遗产的长效机制，推进抢救性保护与预防性保护的有机结合，加强遗产的日常保养，监测遗产的保护状况，改善遗产的保存环境。以保护优先、合理利用为指导原则，正确处理好遗产的保护与利用、长远利益和眼前利益、整体利益与局部利益的关系，不应将保护性遗产、公益性遗产变成少数企业的经济开发资源，坚决禁止以牺牲和破坏遗产为代价，无限度地开发利用换取一时经济利益的行为。

（六）社会参与的原则

世界文化遗产工作具有公益性质，只有在政府主导、公众广泛参与之下才能得到更好的发展。政府主导即政府要担当起它管理世界文化遗产的责任，运用各种手段方式，如法律、科技、行政、财政等，管理世界文化遗产相关的活动。政府管理文化遗产，不应该是无序的，而应该对其进行规划，将其整合进经济社会发展规划中，与城乡建设规划相融合。政府的公共财政预算应该将保护世界文化遗产所需的费用包含在内。

人民的智慧与行动，是世界文化遗产的来源，因为这一点，世界文化遗产不允许也不可能由私人占有，它是人民的财产，为人民服务。发挥人民在保护世界文化遗产中的主观能动性，这可能是保护遗产最好的方式，既维护了公民的文化权利，又使公民成为保护遗产的最积极的一分子。

社会参与主要体现在两个层面：第一，社会参与政府决策尤其是遗产保护利用决策；第二，社会参与遗产保护，这对政府决策也是一种事后监督。充分广泛的社会参与为世界文化遗产的保护和立法提供牢固紧密的群众基础和社区支持。根据《保护世界文化和自然遗产公约》的基本精神，保护世界文化遗产不仅在于国际间的协作，还在于各缔约国的全民保护行为。《保护世界文化和自然遗产公约》至关重要的一步是进行宣传和教育，是使更多人关注到保护世界文化遗产这件事。各缔约国要运用自己的方式和力量，有计划地开展宣传和教育，使本国人民树立对世界文化遗产正确的态度，使人民了解人类的所作所为对文化遗产造成的危害，并使公民在《保护世界文化和自然遗产公约》的制约下活动。

鼓励社会参与遗产保护利用事务，确保公民在履行遗产保护义务上各尽其能，在共享遗产保护成果上各得其利。合理开发利用之前，必须要进行科学保护，世界文化遗产不仅可以引领风尚，还可以教育人民，为社会服务，为发展贡献力量，世界文化遗产的社会效益应与经济效益联系起来，同步论证，这样才能使当地经济社会获得更全面、更协调以及持续的发展，这样才有保护遗产的良性基础。

另外，分类、分级、分区管理相结合的原则，义务、权利与利益相统一的原则，世界遗产保护与地方经济社会发展、社区居民生产生活相协调的原则，受益者付费义务和社区利用限制的补偿原则，也应当是世界文化遗产立法极力强调的基本原则。

四、中国世界文化遗产保护条例的实施

法律的生命力在于执行和遵守。天下之事不难于立法，而难于法之必行。就世界文化遗产行政法规而言，制定法律之后的社会行为跟进更为重要。政府行为和公民行为承载的是全社会、全人类的集体任务，保护世界文化遗产应是全体公民、全人类的共同责任。

（1）完善法律实施系统。法律实施不是孤立的，法律实施必须伴随着严格执法。法律制度应向着更易操作和更加适用的方向前进，要实施，要管用。实施的过程也是显示作用和价值的过程。法律规范应更容易被接受、实施资源应更加匹配、法律的执行过程应更具有操作性。

法律条款既要有原则性，又要有具体性。原则性是指条款必须有刚性要求，要有底线。具体性是指条款要有针对性，要有目的，执行过程、标准，方法要有明确性，责任具体，这样才更方便执行。遗产法律制度不能没有权威和尊严，各级政府在保护遗产中的主体责任意识不能丢，任何单位、法人、个人都必须在法律法规之内行事，而不能超出法律法规；对违法犯罪行为零容忍，严格执法，打击违法行为。对于文物行政执法，要不断提高其能力，充实其力量，完善其监督制度。提高联合执法能力，坚决反对超出有关遗产法律法规的行为发生，要有应对手段和措施；要有相关的条件和机制，不断提高能力，为法律实施提供必要条件。

（2）增强法治意识。将法制宣传落实到各个角落，使社会主义法治精神得以发扬光大，社会主义法治理念更加深入人心，在全社会形成学法、尊法、守法、用法的良好风气，培养规则意识，使领导干部更加善于利用法治思维和方式不断深化改革、促进发展、解决矛盾，构建和谐社会。

（3）成为法律实施乃至建设法治国家的关键性因素。国民对法律的尊重和信仰比知法懂法更为重要：第一，恪守道德底线；第二，坚守法律红线。推进遗产法治和遗产知识宣传普及工程，更好地促进各方面形成法治共识，推动各方面依照法律制度办事。注重研究如何克服法律实施的阻力，有针对性地进行程序设计、制度预防和机制阻隔。

（4）加强立法研究。立法水平的高低、立法质量的好坏、法律制度的完善与否，与立法文化、立法观念、立法理论的发展状况密切相关。《杭州西湖文化景观保护条例》提出了保护西湖文化景观的具体要求，西湖文化保护管理的目的是要完整地、明确地保留遗产历史信息和价值，并使之得以延续，其方针是坚持保护优先、正确利用、注重管理，遵循《保护世界文化和自然遗产公约》及《中国文物古迹保护准则》的核心，使遗产更加真实、更加完整。

第六章

世界文化遗产的展示利用

　　对世界文化遗产工作而言，"保护"和"利用"始终是其核心要素，两者相互依存、缺一不可。既要强调遗产保护的基础和前提，又要重视遗产利用的重要性和必要性。本章主要探究世界文化遗产旅游、利益博弈与遗产产权、社区参与、世界文化遗产利用通道的拓展路径。

第一节　世界文化遗产旅游

旅游是一项集观光、娱乐、健身为一体的愉快而美好的活动。旅游活动日益成为各国人民交流文化、增进友谊、扩大交往的重要渠道，对经济发展、生活变迁和社会进步产生越来越广泛的影响。随着人们对文化旅游目的地的兴趣日益增加，遗产旅游成为旅游市场发展的内在潜力。

一、旅游的首要目的地与游客容量

（一）旅游的首要目的地

世界文化遗产的稀缺性和垄断性是不可替代的，其主题形象和品牌效应是无可比拟的，游客吸引力和国际影响力也是无与伦比的，世界文化遗产毋庸置疑是最佳的旅游名片，也是推动中国旅游业总量规模不断扩大和服务质量不断提高的基础资源，更是发展遗产旅游、助推地方经济建设的重要动力。

1978 年，旅游业发展所依赖的资源主要是遗产资源。1987 年，中国首批列入《世界遗产名录》的六处世界文化遗产就是遗产旅游的杰出代表，北京、西安由此成为国际旅游的主要目的地。作为全球世界文化遗产数量最多的名城，北京国际旅游人数连年保持高速增长，占到当时全国国际旅游人数的近 1/3。随着中国世界文化遗产的数量规模逐年增加和分布范围逐步拓展，涌现出一批新兴的国际、国内旅游目的地，有力带动了中国旅游的均衡发展，有效提升了中国旅游的整体实力[①]。

从质量等级来看，我国的旅游景区被划分为五个层次，从最高层依次向下分别为 AAAAA、AAAA、AAA、AA、A 级，其中，5A 级景区作为最高级别的荣

---

① 张国超，唐培. 旅游影响视角下我国世界文化遗产地可持续发展评价研究 [J]. 湖北民族学院学报（哲学社会科学版），2017，35（5）：63－72。

誉，要求达到世界级标准。截至 2018 年末，我国达到 5A 级别的景区共有 259 家，其中 2018 年我国新增 9 家 5A 级景区。由此可见，世界文化遗产、世界文化和自然遗产具有很高的旅游资源品牌价值，中国旅游竞争力的强势指标主要体现为资源禀赋、世界文化遗产的总量规模和文化内涵。

（二）旅游的游客容量

过多游客，特别是在旅游旺季所产生的流量压力可能会给遗产本身及其环境景观造成损坏，特别是有些遗产景区无论是人文环境还是生态环境都较为脆弱，极易受到破坏，因此损坏的程度可能更大，持续的时间也会更长。但是，破坏的主体是旅游人群还是当地的居民，或者两者的"贡献"程度，是难以明确区分的。对于游客自身而言，严重超量的景点，旅游服务水平、旅游舒适度会大打折扣，游客的体感不佳，更严重的是部分景区在人身安全保障方面做得不到位。所以，通过科学的方法对世界文化遗产景区进行测量，以确定最合适的游览人数，帮助遗产地的旅游能够长期开展，是世界文化遗产利用中需要研究的重要课题。

以敦煌莫高窟为例。每年的 7~9 月，参观莫高窟的游客占全年总数的 60% 左右。每年旅游旺季，莫高窟每日游客最高峰值实际超过 5000 人次。随着游客数量增多，莫高窟所面临的形势越来越严峻，所承载的压力也越来越大。从 2001 年开始，敦煌研究院得到了国家文物局的支持，与美国盖蒂保护研究所开展合作，共同测定敦煌莫高窟最合适的游客承载量。这一研究成果，为后续更好地解决旅游人数过多所造成的问题提供了有效的案例支撑。

莫高窟公开发布合适的游客承载量，主要目的不是简单地对游客的数量进行控制，而在于在综合考量景区环境和游览风险的基础上，确定景区承载的最佳游客数量，并制定相应的管理政策。值得一提的是，莫高窟在该研究成果的基础上建成了游客中心。此外，莫高窟也制定了全新的旅游线路，从游客中心至游客中心之间往返，具体为在游客中心包括游客接待、参观预展、主题电影以及洞窟球幕电影四个项目之后到达莫高窟洞窟参观，然后是游览莫高窟生态长廊，最后是参观陈列中心，结束后回到游客中心。在这一安排中，莫高窟的参观时间被减少至 75 分钟，在一定程度上降低了景区的压力，同时也降低了景区受到人为破坏的可能性。另外，游客中心对现代信息技术的有效利用，既满足了游客的需求，又能更好地平衡遗产保护与景区开发两者的关系。莫高窟的合理游客承载量由以前的单日 3000 人次左右提高到单日最大 6000 人次。

二、旅游中遇到的问题

随着遗产地成为跨文化接触的场所,"赶潮"式的旅游者蜂拥而至,不少遗产景点在旅游旺季期间人满为患。这样,中国世界文化遗产的管理者和研究者面临着一个相似的两难困境。中国世界文化遗产地的游客压力主要来自两个方面:第一,游客;第二,市民(居民)。

(1)游客蜂拥流量的超载压力。以北京故宫博物院为例。故宫博物院游客量基数大、增速快,2000 年之后虽增速放缓,但年均增长仍然超过 10%。故宫博物院游客总量持续攀升,是中国世界文化遗产和中国百强旅游景区的双料"票房冠军",也是参观者人数全球第一的博物馆。故宫博物院的游客量是不均衡的,每年出现两"针"一"峰"。所谓"两针",一个是"五一",另一个是"十一",每年 10 月 2 日是高峰中的高峰。一个"峰"就是暑期,持续期间大约从七月中旬开始,直至八月下旬结束,平均每天接待游客人数为 10 万左右[1]。

八达岭长城、丽江古城等知名遗产旅游地存在着同样的情形。丽江古城自1997 年成功申遗以来,游客人数逐年递增。游客主要集中于大研古城 3.8 平方千米范围内,最高峰时大研古城四方街附近人均占地 1.17 平方米。

(2)本地居民使用遗产地的潮汐式压力。地处城市中心并采用公园管理模式的世界文化遗产地,要秉承着为城市居民服务的宗旨,准备充足的活动区域供其娱乐休闲使用。北京的天坛、颐和园、南京的中山陵园(明孝陵)、沈阳的东陵分园(清福陵)、北陵公园(清昭陵)的群众性晨练活动此起彼伏,中老年人更是常日自娱自乐。大流量的市民游客给遗产保护带来的环境压力之大不言而喻,对其游园行为约束和日常管理难度远甚于外地游客。

进入 21 世纪以来,作为西藏自治区最具代表性的旅游景点,布达拉宫的游客数量急速增长,具体表现为每年的游客数量和朝圣者人数之和超过 50 万,平均每天约 1500 人,而且年均增长速度始终保持在 30% 左右。在旅游高峰期时,由于游客和朝圣者人数过多,每天到达景区的人数最多曾突破 5000。一般而言,参观时间大约在 3 小时,假设人均体重为 60 公斤,那么布达拉宫宫殿同时承载的重量则会超过 45 吨,存在一定的安全隐患。另外,朝圣者进入宫殿时通常会拿着明灯以及香火,由于布达拉宫是木制材料,因此也存在火灾风险。同时,由

---

① 顾江,吴建军. 世界文化遗产对我国旅游业的影响效应[J]. 南京社会科学,2012,(7):8-15.

于外地游客人数增多，也会对朝圣者使用布达拉宫造成影响，可能由此引发矛盾，不仅阻碍了朝圣者举办的仪式，还给外来游客带来不好的旅游感受。

第二节　利益博弈与遗产产权

基于遗产资源的不可再生性、脆弱性及准公共物品性质，如何协调保护与利用的"天平"日益成为遗产管理的核心问题。在一定意义上，遗产利用问题实质上是遗产保护问题。

一、利益博弈

公共选择理论的观点是，人都是自私的并且以实现利益最大化为目标，结合偏好以及效用函数的理念，通过交易来获取收益，这就是亚当·斯密的"经济人"或者"交易者"理论观点，在对文化遗产进行保护和利用时，通过建立相关机制以实现利益共享，从而实现各方共赢。

实现遗产资源的利益共享指的是利用遗产资源使得投资开发的人和遗产资源所在地的区域获取收益，简而言之，其深层次的含义在于遗产区域的所有人员都可以享受到遗产资源所带来的利益。遗产资源的开发利用，不仅将提升当地社会成员的生活水平，还有利于当地政治和经济的发展。具体来看，对遗产资源开发后的利益进行共享的内涵主要在于将遗产资源的产权进行分成、对开发获取的收益进行共享以及通过补偿方式平衡利益。保护和利用世界文化遗产的情况以及是否能够实现持续，主要取决于开发资源的收益在利益相关者之间的共享程度以及平衡收益的方式。从本质来看，保护和利用文化遗产的过程既是利益相关者对收益进行博弈的过程，又是平衡资源和收益的过程，因此应当通过建立利益共享机制①来实现利益的公平分配。

---

① 赵晓宁. 利益博弈与"遗产"危机：我国世界文化遗产周边不当开发原因刍论 [J]. 西南民族大学学报（人文社科版），2007，28（12）：208－211.

地方政府可以而且应当在利益共享机制搭建中发挥主导作用。事实上，地方政府利益也是客观存在的。地方政府、政府官员与企业经营者一样，都是"经济人"，存在自利性，都有实现利益主体效用目标最大化的行为动机。

作为地方利益的代表，地方政府既代表了各个层次主体的利益，又具有一定程度的独立性，正是这种独立性使得地方政府追逐利益的想法更加强烈，成了发展地方经济的推手，也引发了一系列问题。随着我国经济体制改革的持续推进，从行政区域划分角度看，地方政府逐渐掌握当地国有资源，同时对地方的调节控制权限及管理控制地方的职能也随之加强，具备了独立的利益分享权和决策权。与之类似，在我国的世界文化遗产通常是由当地地方政府管理和控制的，由于地方政府也面对绩效考核等压力，所以对遗产的管理往往更倾向于与地方经济发展相结合，然而，在实际的操作过程中，开发遗产则会忽视可持续发展的程度。

由于地方政府追求高速的经济发展而不在乎可持续性，再加上逐利性的推动，使得地方政府急切地开发遗产，并且往往比遗产保护的力度更大，从而造成了一系列的遗产破坏，造成其他利益相关者的损失。由此可见，在这张利益网络中，遗产所在的地方政府，在利益协调和共享机制中具有绝对的优势地位和有利条件，对职能部门、开发企业、社区机构、当地居民和旅游者的利益调整具有强大的话语权和影响力。因此，在探索建立共享机制的过程中，不仅要解决原有机制存在的问题，比如对地方政府和当地居民的利益分配不合理，还应当建立合适的沟通协调机制，有利于开发遗产的利益，在所有利益相关者之间实现共享，同时，更加注重关注当地居民生产生活的利益补偿机制和旅游者鉴赏权益的安全保障机制。

（一）利益博弈相关者带来的问题

中国已经进入一个追求利益的时代，利益博弈是经济社会生活的突出主题之一。遗产管理工作很多，同样离不开不同利益群体之间、各种经济利益和社会利益之间的博弈和权衡。地方政府、开发企业、当地居民、游客作为遗产利用的主要利益相关者，拥有的资源不同，参与遗产利用的动机、目标、方式、程度各异，共同构成了一个错综复杂的利益网络。

1. 地方政府

中央政府及下属的职能部门的行为受到全社会的关注，相对应地，他们以实现社会利益最大化为目标，以满足社会大众多种多样的需求，从而保障经济、社会和环境三方能够和谐共处、共赢共生、持续发展。中央政府上述目标的实现，不仅需要自身的执政能力，还极大依赖地方政府的施政行为。

世界文化遗产所有权属于国家，中央政府和地方政府按照"分级负责、属地管理"的事权划分原则，共同管理世界文化遗产事务。国家文物局作为世界文化遗产工作的主管部门，主要从宏观上对相关工作进行统筹、把控和监督，实际工作则会被分配到遗产所在地的政府部门及相关负责管理的机构。因此，作为实际执行者，地方政府在管理世界文化遗产中扮演着十分重要的角色，不只是简单有了管理主体的名头，而且其行为、决策、措施、行动极大地影响着世界文化遗产的保护状况和管理水平。

在市场经济的推动和"经济化、数字化"主要政绩考核指标的压力下，地方政府越来越成为一个具有自身利益诉求的准市场主体。开发各种有价资源，最大化地实现地方收益，让地方政府趋之若鹜，随着时间推移，则会逐渐演变为地方的利益凌驾于国家的公共利益之上的情况。一方面，世界文化遗产的稀缺性、垄断性和唯一性使其具有超强的市场开发价值；另一方面，为"申遗"整治遗产地周边环境，地方政府投入了大量资金，要设法通过世界遗产获取实质回报。

由于地方政府承担着多种功能，既是遗产管理的主体，又是追求利益的独立个人，同时还肩负着发展地方经济的责任，因此在平衡责任时可能会有所偏颇，通常会忽略自身的监管职责，而是更加倾向于参与到开发经营遗产的过程中，使得遗产的管理主体、监督主体、使用主体及受益主体集于地方政府一体，不利于各方之间相互制衡。地方政府深知，遗产主体（核心区）受到严格监管，市场开发行为难以实施；但遗产周边地区范围模糊，监管相对弱化；遗产地建设控制地带和周边环境的开发性破坏和透支问题具有隐蔽性，其后果具有滞后性及难以考量的特征，这在很大程度上导致地方政府放任甚至逃避监管职责，立足眼前、忽视长远，变相参与或授权开发商（企业）开发遗产地周边要素资源，结果是地方经济有所提升，却破坏了遗产环境。

遗产地管理机构多是地方政府授权管理遗产具体事宜的派出机构，赋予一定的行政管理职能和遗产日常监护职责，大都是自收自支的事业单位性质。这种职能安排赋予了管理机构多种角色，承担的功能多有交叉，因此，遗产管理机构经常会同时面临如何抉择社会利益和经济利益、如何抉择长期利益和短期利益以及如何选择公共利益和自身利益，而由于利己性的存在及地方政府的授意，管理机构通常会选择后者。

2. 开发企业

虽然世界文化遗产是公共资源，但是中国国情决定了遗产地发展不可能完全依靠地方政府，开发企业的参与成为必然。在市场经济条件下，逐利是开发企业的本性。为谋求更大的利润空间，开发企业必须仰仗地方政府支持和垄断优势资源。各类开发企业与地方政府及其遗产管理机构在资源分配与利益平衡过程中相互博弈，并获取遗产地周边区域的开发权、使用权与收益权。

从实际来看，开发企业通常不会在意对遗产资源进行开发是否会破坏当地环境，因此在开发过程中往往不会达到当地管理机构对遗产保护的要求，更有甚者，有些开发商擅作主张，通过引进、移植等方式在景区增建设施，而忽略了其是否与景区特色相匹配，不仅破坏了遗产景区的整体美感，更是从本质上损坏了遗产资源。这些开发项目及设施在表面上迎合了消费者，实际造成了遗产地的发展隐患，严重破坏了遗产地的自然景观和文化氛围，造成了保护与利用之间的重重矛盾。

3. 当地居民

世界文化遗产在形成过程中长期受到当地人文环境和自然环境的熏陶，自然而然地与当地居民在历史、文化和情感等方面有着密不可分的关联。这些来自历史和环境的浸润及对遗产的情感已经渗透到当地居民生活和工作的方方面面，是很难割舍的存在。为了成功申遗，当地居民积极配合地方政府完成对遗产地周边环境整治工作。申遗成功后，地方政府巨额的申遗支出及各类开发企业对遗产资源的商业开发，再加上当地居民权益保障机制的不健全或存在空白，就可能导致当地居民权益旁落或被侵害，使当地居民往往成为遗产开发利用的"牺牲品"。

当地居民面对生存压力，在经济利益的吸引下，往往选择参与或仿效地方政府和开发企业的开发举措，加入遗产周边区域的开发大军中，谋求个人利益的最大化，使遗产地及周边环境保护工作的开展更加艰难。由于资源利用和利益分配不公，当地居民与开发企业及地方政府之间常常产生矛盾冲突，一旦处理不当，其影响和后果不堪设想。

4. 游客

世界文化遗产及其周边区域的开发、建设、经营性项目，主要目的是迎合旅游市场的需要以谋求最大的利润，从本质上来看是一种市场行为。对遗产地的开发利用导致当地居民与游客之间出现了"空间置换"与"利益取代"。在消费和享用世界文化遗产这类高度稀缺资源的过程中，游客更注重自身的需求是否得到了满足，自身的效用是否达到了最大化，然而，这种消费世界文化遗产的方式是与遗产的保护观点相背离的。

当地居民、游客与世界文化遗产之间原有的和谐关系被打破，游客在享用权益的同时将私人成本社会化，逃避所应承担的对遗产及环境保护的责任和义务，而是把不合理的消费遗产所带来的问题如遗产损坏、环境污染等都抛给了遗产所在地的地方政府和居民。实际上，在对世界文化遗产进行管理时，不得不面对当地居民与外来游客在使用遗产上的权益分配，在遗产的保护和利用中如何维护当地居民的需求和利益是每个世界文化遗产管理者、使用者、参与者和研究者都须直面的问题。

人类社会对世界文化遗产及其周边环境的价值认知是一个不断发展深化的过程。保护遗产并不排斥对其合理利用，而是要立足保护、加强论证、科学规划、适度开发，注重建章立制、依法保护，均衡利益相关者权益，尽量防止利益博弈行为的外部不经济性的扩大化，真正实现经济社会发展和遗产保护的"双赢"目标。

（二）利益博弈面对的困境

世界文化遗产地的各种要素资源具有多重价值和不同利用方式，具备向不同的功能资源转化的路径依赖。对遗产资源及其周边地区进行市场利用和深度开发，"重利用、轻保护"，遗产保护面临着前所未有的高压力、高损耗和高破坏的威胁，遗产地核心区、缓冲区及周边地区面临着开发失控的危机，遗产开发利用中的相关冲突性事件和负面性报道屡有发生。由于对遗产资源利用的现行法律制度不健全、管理体制不顺畅、执法力度不到位，导致资源利用方向不明确，开发行为无规范，社区矛盾、利益冲突难解决。这值得高度警醒和重视。

1. 破坏性开发

世界文化遗产是天然的优势资源和稀缺资源，是一块具有强大市场号召力的金字招牌，其背后蕴藏着不可复制、无法估量的商业价值。世界文化遗产所在地方政府及管理机构或多或少受到经济利益驱使，坚持以利为先的开发模式，将开发利用遗产资源作为促进旅游、发展经济的响亮口号，以开发利用的名义破坏遗产的行为比比皆是，在遗产缓冲区甚至核心区大兴土木、错位开发、破坏性开发一度成为常态，一眼望去满是人工痕迹，导致自然风貌与人文景观遭受严重损害。

修建索道也是遗产地破坏性开发的典型案例，有些索道建设以游客便利为由，实则蕴含着巨大的经济利益。要想修建一条索道，不可避免地会开山劈路或者是砍伐林木，不仅对景区的环境造成极大的破坏，还影响了遗产地的自然之美，索道已经成为许多遗产地的公害。

2. 旅游行为不当

高密度的旅游人流和高重复性的不文明旅游行为，对遗产及其环境造成的破坏相当普遍。恶性循环已经在遗产破坏与旅游过量两者之间产生，游客的过量不仅对当地的经济发展和遗产保护工作造成了不良的影响，还降低了遗产所在地居民的生活质量。多数遗产地景区游客接待量超负荷现象依然严重，特别是在旅游旺季时，大量的旅客造成了超惯性运转。

超载游客对遗产具有双重损坏：第一，隐性损坏。由于游客过量，遗产地景区的游览设施无法满足全部游客的需要，而且超载的游客也造成了污染物的累积，使得当地环境无形中面临巨大的挑战；第二，显性损坏。游客的不文明旅游行为直接损坏文物，包括磨损文物（踩踏、攀登、抚摸文物行为）、乱丢废弃物和破坏文物的行为。游客任意采摘花草、践踏植被、狩猎禽兽等不文明的旅游行为，也对生物多样性与自然风貌造成了破坏。例如过量游客给北京故宫古建筑群带来了危害，使地面砖石磨损加快，御花园土地日趋板结，空气污浊严重影响到展陈文物和古树名木的寿命。

3. 利用方式单一

一些遗产地在遗产利用理念上，注重经济效益，忽视教育功能；注重旅游经营、商业利用、地产开发、产业驱动的直接效益，忽视"以文化人"的社会效益，丢掉长期管用的核心价值，捡起短期的、局部的经济效益。一些遗产地在遗产利用内容上，对遗产内涵缺乏深入研究和充分发掘，遗产地产业结构的粗放型经营特征更为明显。旅游产品结构简单，更新升级缓慢，不能满足或跟踪多层次旅游市场的需求和趋势。一些遗产地在遗产利用形式上存在单一化、同质化的现象，过分依赖遗产旅游的带动作用。

文化遗产种类繁多，虽然有些遗产属于同一类型，但是由于所产生的年代或者所在的区域不同，其构造和现存的状态也会因此不同，所以，在开发利用遗产时应综合考虑多种因素，结合遗产地的特点选择开发形式。然而，在实际的开发中，各地通常是相互借鉴开发形式，缺乏创新意识，因而无法展现各遗产地的特色。近年来，不少遗产地相继开展或筹划考古遗址公园建设。

多样化的遗产经营方式，致使遗产资源利用开放工作极为不规范，一些利用事项未能按照遗产保护的规定要求进行，新建乱建行为、文物受损现象时有发生，遗产安全隐患突出。遗产资源引进企业管理经营没有统一的法定预设标准或进入门槛约束，一些地方将遗产地资源整体出让给企业管理经营；一些地方将文物保护单位交由企业管理经营，或引进企业管理人员参与遗产的日常经营；一些地方由当地政府或者文物行政部门设立旅游企业负责经营开发。

4. 经营管理方式不清晰

中华人民共和国成立以来，管理和经营世界文化遗产的方式层出不穷，比如长时间地把经营权出让、实施企业化的管理、事业性质和企业性质统一管理等。有的遗产地的管理权被分配给当地的企业来经营运作，把经营与管理、开发与保护混为一谈，从本质上改变了管理遗产的性质。尤其是在遗产管理上缺乏相应的法律约束、技术标准及完备的监督管理体系，在出让、转让环节和合同签订上都可能存在违规情形，造成了遗产资源的开发收益在管理上存在漏洞，造成遗产保护工作没有持续的资金流入，更有甚者，监管环节的缺乏为无序经营和无序开发提供了"便利"，损坏了遗产地景区的资源，比如，在有些遗产地进行商业化的建设，已经无法完全修复。这种现象的产生，一方面在于地方政府在遗产开发上尚未形成正确的意识和责任，另一方面主要是缺乏宏观层面的指导以及管理制度、管理政策的不健全。

进入 20 世纪 90 年代，遗产景区都在探索创新各种运营方式，如采用企业化的方式对事业性质的管理机构进行经营管理、尝试推动遗产资源发行股票上市等。遗产地均成立了国有性质的旅游公司，开发了酒店住宿、索道游览、景区交通及其他游乐设施项目。

总之，遗产利用开发中的系列倾向性问题，牵涉到交叉的职能关系、多重的利益关系。开发利用遗产资源的情况既不是单一的物质性问题，又不是单一的经济性问题，而是一个遗产利益相关者各方博弈的复杂性问题。如果没有完善的管理体制和机制及相关的法律或政策做指引，那么遗产利益相关者之间就不可避免地会存在矛盾和摩擦。保护与利用之争不再是纯粹的管理理念之争，而是有着深刻的现实组织基础和社会利益诉求。

二、遗产产权

世界文化遗产资源是典型的公共资源，产权关系的明晰及其制度化是保障遗产资源利用效率和传承可持续性的重要基石。遗产资源的产权矛盾核心并不在于所有权，而是在于使用权与收益权。

（一）遗产的产权特征

产权是因存在着稀缺物品及其特定用途而引起的人们相互之间的经济关系。产权作为一种制度设计和安排，是用来解决物的归属和物的使用问题。从法律角度而言，产权也叫作财产所有权，本质上是一种物权。财产所有权的含义，指的是对某种财产拥有所有权的人能够在法律规定范围内对该财产享有占有权、使用权、收益权及处分权。产权是指与财产所有权有关系的部分权益，产生的原因在于部分所有权可以独立于财产所有人，不拥有该项财产的人享有的占有权、使用权和部分收益权及处分权。产权的作用主要体现为从制度层面上强制规范了存在于全社会之中的经济关系，维护了社会秩序，保障了社会经济平稳运行。产权不仅是作为一种权利，而且是作为一种制度规则，形成并确认社会成员对资产权利的方式。因此，产权与所有权、物权是有区别的，所有权和物权都比较倾向于描述所有权人所拥有的物品的情况，产权则比较注重人的行为在经济活动中的体现，可以说，产权的外延较其他两者更为广泛。一般而言，如果产权能够清晰分辨，所有权自然也会明确，但反过来则不然。究其本质，"产权不清"的含义并不是说财产在归属上存在不清晰的问题，而是财产的使用权尤其是经营权不清晰，经营权即行为权——产权。

世界文化遗产离不开赖以存在的文化和自然资源，国家法律明确规定了文化遗产资源及相关自然资源的国家所有权。我国所有的自然资源，无论是矿产资源、水资源、林木资源还是土地资源，所有权都归国家，也就是属于全国人民；但是有些资源已经由法律规定属于集体性质的，不在此范围内。我国在土地管理上实行社会公有制，所有土地属于全国人民，即国家所有土地的所有权由国务院代表国家行使。土地使用权可以依法转让。国有财产所有权的行使通常由国务院代表；在法律中明确规定归属于国家的文物，其所有权归国家。

在我国境内发现的所有文物都归国家所有，无论是从地下挖掘的还是在内部河流或领海中发现的。古代的文化遗址、墓葬坑及石窟寺同样归属于国家。有些建筑、壁画、石刻等不能随意移动，被国家纳入指定保护范围，除非有特殊规定，不然都属于国家。属于国家的这些不可移动的文物，其所在区域的土地所有权或土地使用权可能会发生变化，但不会影响文物的所有权。国家对文物享有的所有权是由法律规定的，任何人都不能破坏该权利的行使。

一般而言，遗产资源具有多种多样的功能特征，而其利益相关者也是纷繁复杂的，因此，确定遗产资源的归属是一项极具难度的工作。具体体现在以下四个方面：第一，从法律角度上看，我国的遗产资源的所有权都归属国家，并且由国务院代为行使，但是这一规定并没有从根本上明确遗产资源的产权。因为，即使是对遗产资源拥有所有权，也不意味着对其拥有了所有产权，作为所有权行使的代表，国务院及其授权部分也并未拥有全部的产权，只是有一定程度的控制权；第二，就遗产资源的产权而言，它包括管理权、经营权等多种权利类型，范围并不是统一规范的，其中，经营权还具有排他性。第三，产权拥有多种属性，如产权是有价值的、可以分割的、可以转让的等，这些特征给予了转让遗产资源理论上的支持。第四，公共产权和公共权益的含义并不相同。遗产资源具备公益的性质，可以作为社会公益性的物品，然而，遗产资源的利用或者管理主体是不是公益性的，并不影响社会公益性的实现情况，影响因素主要在于能够发挥资源的最大价值以满足社会的需要，取决于法律的制度安排和政府的执政能力。

（二）遗产的产权设置存在的问题

世界文化遗产资源的利用开发绕不开产权问题。产权界定模糊、管理主体虚置、委托代理多元化、监管职责缺位，是遗产利用问题的症结所在。

1. 遗产的产权界定不清晰

世界文化遗产资源所有权本身的多元性和遗产资源管理要求的法定性使得遗产资源的产权界定模糊，在实际操作中难以界定。首先，遗产资源的产权边界不容易清晰界定。文化遗产的类型、规模和体量千差万别。其次，文化遗产资源价值评估理论滞后，现有的资源评估方法尚不能直接用于统计遗产数量或评估遗产的价值，价值无法通过明确数字得以体现。再次，由于有些古村落、古民居等古代建筑的所有权并不属于国家所有，而是归个体所有，但是从法律角度而言则必须将其作为遗产资源进行保护和管理，不可避免地会对其使用权造成一定的影响，因此就需要建立文化遗产保护补偿制度。最后，法律规定的产权确认往往会与当地社区传统习惯的产权概念和权属认定不一致。国家划定的世界文化遗产地的保护范围内有较大面积的集体产权资源，当地社区居民世代沿袭使用这些资源，由此诱发遗产利用过程的诸多矛盾与冲突。

2. 遗产的处置权设置重复

作为一种公共资源，世界文化遗产也有其特殊性，体现在对遗产资源进行开发利用前必须经过相关政府部门的批准，如果没有通过审批，单位或个人均不能开发利用该遗产资源。由此可以看出，开发主体主要是由政府部门决定的，无论是投资主体还是开发主体，只有通过了政府的审批才能开发遗产资源。从本质上来看，政府的审批权属于对资源的处置权，原因在于"审批"的内涵是对遗产资源的开发利用方式进行把控。

就国有资源而言，我国建立起一套以"单一代表、分级行使"为理念的产权制度，但是地方政府行使权利时并不依赖于其是否具备代表行使所有权的资格，而是取决于是否取得了相应的授权。长期以来，中国世界文化遗产大都由市、县地方政府及其职能部门直接行使国有遗产资源的收益权、处分权。这种形式已经建立，并且可能会长时间保持这种状态。因为不同的政府部门，职能范围也不尽相同，因此，资源的代理权通常不是集中于一个部门，而是在多个部门之中分散存在，遗产资源管理的权、责、利不明确，委托代理问题并未真正解决。

3. 缺乏遗产的所有权

世界文化遗产是一种特殊的公共资源，其所有权终极归属于全体公民所有

（部分私有遗产除外），全体公民拥有"名义"上的所有者权利。国家作为世界文化遗产的所有权主体是一个抽象的存在，主体权利的行使是由国务院也就是中央人民政府代表的，在所有权方面拥有所有的职权。地方人民政府和相关的文物部门是开展文物工作的执行者，属义务主体而非权利主体。国家并没有设立一个特定的机构来代表行使国家或我国所有公民的所有权，同时遗产资源的国家所有制意味着资源所有权不能转让，国家不具有可以转让所有权的处置权。于是，国家把公共资源的处置权和管理权委托给中央政府代理行使，造成了遗产资源的所有权和处置权的分离。而中央政府的所有权行为能力有限，不能直接从事资源开发经营活动，不实际拥有资源的使用权和经营权。

条块分割的多头管理体制，导致遗产资源的产权主体并不明确，所有者的事实缺位和权益虚化，所有权、管理权、经营权三权混淆，行政权、经营权管理代替了所有权管理，资源的代理者和使用者（尤其是遗产地所在地方政府）成为资源的实际所有者和管理者。归因于地方政府或其职能部门的遗产管理机构职责不清、目标多重，既"管理"又"经营"，通常将行政管理和企业经营相结合，造成管理和经营无法明确划分或者直接用经营取代了管理。

4. 缺乏遗产的制度性监督

由于缺乏一个通畅的公民意见表达渠道和完善的利益诉求机制，实际拥有世界文化遗产的人即全体公民和地方政府之间达不到信息的完全对称。管理世界文化遗产要求管理人具备专业的管理水平并掌握足够的信息，但是公民大多没有渠道获得相关信息，从而无法有效地监督地方政府对遗产资源的管理和利用，不能对国家政策举措形成有效监督。

由于监管者责任虚化必然带来遗产资源公共管理的失范，再加之中央政府的监管效能逐级消解、鞭长莫及，如果不从制度层面来约束实际管理主体包括地方政府及其授权机构，仅仅依靠国家和全体公民的监督，或者依赖于媒体渠道及专家发声，寄希望受到高层领导的关注来推动问题解决，那么这种监督和约束在一定程度上就是无效的，因为其存在极强的不稳定性，无法实现全方位的监督，在政府官员追求任内政绩短期目标的驱使下，地方政府总是倾向于透支利用遗产资源而获得贴现率。

第三节　社区参与

加强社区参与，将社区利益主体纳入世界文化遗产保护利用的整体视野，可以达到文化遗产与遗产地社区及居民的"双利共生"状态。这样的做法不仅扩展了文化遗产保护的参与群体，更是未来发展的风向。

一、社区参与的特征

由于世界文化遗产通常是由地方政府及其委托管理机构"垄断"事务管理及资源利用，关门闭户将遗产地社区摒弃在外是惯性思维和行政惰性。在世界文化遗产资源利用和旅游发展的实践过程中，社区参与不足其实是一个普遍性问题。在社区行政化管理背景下，社区参与呈现出参与率总体偏低、参与结构失衡、参与效能不高的特点。

（1）社区参与度积极性较低。在参与度上以社区动员为主，主动参与者较少且有表达意愿参与实际未到的情况；大多数参与者是个体的形式，自发性组织缺乏；大多是为利益而来，对实际管理兴致欠缺。参与形式多是被动性的打卡式参与，因此在程度上也多处于听听宣传或完成社区任务的层面，缺乏对计划的制定和决策实施的积极性。大体上仍处于社区主导参与的阶段，大众只是作为辅助性形式上的参与，并未实质上加入文化遗产保护工作中，双向互动仍停留在初级阶段。

（2）以经济利益诉求为主。社区居民参与文化遗产资源保护利用的主要目的是经济利益，把眼光放在当下的利益上，关注旅游业可能带来的经济效益和就业机会，想借此提高自身生活质量。有经济利益刺激，居民在相关活动中的参与度非常高。

但这种参与度高的现象对文化遗产的保护发展并不利，对经济的单一化追求，忽视了文化遗产本身的价值，容易造成过度商业化和景区文化失真。上述情况导致的后果就是旅游感官体验差，遗产地印象恶化，吸引度降低，旅客流失，结果就是难以逆转的资源恶化。

（3）社区参与力有限。在文化遗产开发项目上的利益相关方中，社区和辖区内居民是被动的存在，消息需要等待通知，相对而言属于弱势的一方；地方政府主导规划和政策的制定推行，在相关部门监督下，企业进行具体的操作，相对而言，他们属于强势力量的存在，加之缺乏非政府组织的干预，因此各方势力不均衡，导致社区和民众的有效表达渠道狭窄。

这种"被决定""被执行""被告知"的状态，进一步加剧了居民参与度低的状况，只能把眼光放在能谋求的利益上。地方政府及遗产管理机构对居民意见诉求和利益表达的回应度低，实施效率慢；社区居民参与行为对地方政府及遗产地管理机构的影响小、收效微，社区居民的抵制情绪、不当利用和恶意破坏遗产资源的莽撞行为就难以避免。

二、社区参与的各方面内容

社区之所以选择参与到世界文化遗产保护中，或者说促使社区做出这样选择的动因，是想要通过各个方面的参与惠及社区居民，比如通过经济参与实现资源的互相利用，通过环境与文化参与形成互利共生的模式，通过政治参与享受旅游发展的红利，随着社区在文化遗产保护中的参与度加深，从规划开发到经营管理及监督等环节全方位参与，避免了在过程中对社区造成影响而引发的矛盾，反而促进了双方的利好发展，真正走可持续资源利用和旅游发展的和谐之路。

（1）经济参与。各主要参与方进行协商，制定方案解决相关问题，如对社区产生的影响进行补偿，旅游收益分配制度的确立等。补偿机制不能采用单一的方案，要将开发和经营者外部成本考虑进来，采取各方都能接受的合理化方案。用多项利好措施吸引社区居民参与其中，有利于资源的双向利用，社区在开发阶段提供一定的便利，旅游发展阶段可以为社区居民带来创收，因此参与到世界文化遗产保护利用中能给当地经济带来长远利益，不仅是为居民带来个体收益，也能促进社区发展，改善社区生活环境。对因遗产保护受到发展限制的居民应当给予合理的经济补偿，并通过特许经营、贴息贷款、技能培训等多种方式，保障其参与旅游经营、资源使用的优先权。在社区参与过程中，需有相应的标准与制度对参与形式、使用资源方式做出界定，使得居民能够有效利用遗产资源。

（2）环境参与。社区对环境的参与可以保证对原有生态环境的维持和保护，限制过度开发。社区居民参与到其中，能够在遗产地开发过程中及开发完成经营过程中，了解有关环境的相关政策如何制定并提出意见和建议，在后续政策的执行和细则修改中，加以监督。遗产地共同建设互利共赢，可以树立社区居民的主人翁意识，自发保护遗产地环境和设施，形成保护生态的大环境。

（3）文化参与。通过文化遗产的功能延续与更新利用，维系与当地居民生产生活和文化情感的密切联系，使文化遗产的价值持续体现，继续发光发热。同时关注社区居民发扬传承优秀传统文化的精神，重视非物质文化遗产的保护传承，打通传统文化与学校文化、家庭文化的有效链接。开展文化活动，促进当地文化的传播，通过旅游业发展更有利于文化的交流，与此同时需要注意开发对当地文化的冲击，尽量做到在文化生活原貌上不产生过大的变化。文化参与能激发当地居民的文化自豪感和归属感，可以借此机会对社区进行文化整合。居民参与文化遗产保护利用的进程是与公民社会建设进程同步的。在这个良性互动的过程中，当地居民会更成熟，遗产社区也会更文明。

（4）政治参与。首先要广泛了解当地社区的基本情况，鼓励居民提出意见并积极听取。组织会议统一收集意见，通过学习提升居民参与能力，为遗产的保护和更好地利用建言献策。在吸取意见的同时对居民加以培训，有组织地进行遗产文化和旅游知识的学习。赋予社区和居民一定的权利，参与到遗产开发旅游的决策中，形成相关部门和当地社区统一规划实施的一体化发展策略，实现决策最终的顺利施行。鼓励帮助居民自发建立遗迹保护开发组织，引导发挥好社区组织和群众性遗产保护团体的积极作用，通过村规民约与社区管理，实现社区居民和经营者在遗产保护利用方面的自我约束、自觉参与和自主管理。

三、社区参与的保护利用

随着世界遗产保护运动的蓬勃发展，"社区保护"的理念和"社区参与"的原则被正式引入文化遗产保护的法律文件和工作实践中。重视社区保护，强调社区参与，不仅是国内外文化遗产领域学术界的普遍共识，而且是文化遗产保护国际法体系的基本理念。当地居民的参与可以在遗产保护过程中承担一定的责任，更利于遗产的保护。世界遗产委员会也赞同并倡导在申报过程中各主要利益方都参与其中，这里包括当地群众和非政府组织及相关团体。这是世界通行的遗产管理体制的几大要素之一，另外还有针对保护遗产普适价值的相关立法及缔约国对遗产保护的政策和具体实施等，扩大遗产保护范围并号召所在地民众加入保护行列，这是能够最大程度对遗产进行保护并延续其文化传承和扩大文化影响的必要条件。

在文化遗产保护方面，社区和居民的重要性不言而喻，不能片面地只对局部加以关注，更重要的是对整个区域（文化名城、古镇、古村落）的保护，在进行文遗保护工作时，要制订合理计划按步骤实施，避免产生不可逆的影响。在文遗保护中，政府是不可替代、不能缺席的，应发挥作为主导作用的力量，通过公开计划，收集社会各界意见，汇集各方力量，争取广泛的群众基础，得到各界理解和支持；利用对文化遗产的保护和开发，改善当地的经济状况，促进当地社区发展。通过与社区的沟通和项目上的权力过渡，使其成为遗产保护在当地的主力；让人民得实惠，不仅从经济上，更是要在精神文化上得到提升，完成对当地产业结构的调整，量体裁衣定制更适合的政策措施；在文化遗产保护和发展上，增强各方交流，形成最佳的遗产保护环境。

社区保护的重要性和必要性，是与世界文化遗产的资源构成和利益权衡紧密相关的。首先当地居民和文化遗产是紧密相关的，祖祖辈辈口耳相传的历史是不会湮灭的，历史是属于当地人民的，甚至文化遗产也是。文化遗产得以传承延续的根本在于当地居民和社区历经了岁月，当地的生产生活和文化遗产共生共存，本来就是文化遗产不可分割的一部分，也是开发旅游业中重要的组成，当地居民担当了未来主要经营者的角色，除了经济上的经营，还包括旅游形象地区形象的经营。

社区及居民和文化遗产是互相依赖、互相约束的共生共融关系。如何维系社区与居民及其文化传承的参与机制，乃是文化遗产保护利用工作的现实议题。保护利用文化遗产的主体，除了国际层面、国家层面的参与外，还应该特别重视社区或者社群、个人的参与。保护利用文化遗产的主体，除了处于决策、组织和统筹之主导地位的各级政府之外，还应该特别重视的就是社区居民。社区居民是文化遗产的传承者和享有者，也是利害相关、诉求最多的利益相关者和矛盾加剧者。

第四节　世界文化遗产利用通道的拓展路径

在对待文物的态度上缺乏全局性，只着眼于保护，造成了围绕着保护顺便利用一下，不影响传承的文物保护现状，这样轻视利用方法的管理，实际上不利于文物和文物背后文化的传承发展。长期以来，对文物工作方针深入思考不够，深入研究不够，可谓是保护讲得多，利用讲得少；遗产利用的配套法律制度建设相当滞后，难以为遗产资源利用开辟制度通道和指明政策方向。

一、世界文化遗产利用的基本原则

保护和利用本应是相辅相成的互助关系，而不是矛盾的对立关系。合理利用文物不仅有助于文物本身的保护，也更有利于文化的传承。流水不腐，户枢不蠹，尘封才会真正对文物造成伤害。利用要反哺保护，经济效益要反哺社会效益，这就是文化遗产立法思路应始终坚持和大力倡导的管理远见和社会共识。世界文化遗产利用的基本原则有以下六点。

（1）立法先行的原则。法律规制和制度安排是拓展遗产利用的基本前提和根本依据。在《中华人民共和国文物保护法》新一轮修订过程中，汇聚社会各方和专家学者共识，研究增设文物利用的基本对象、基本原则、基本方式和基本措施的条款，全面阐释文物工作方针的内涵和外延，是十分难得的立法良机。

（2）保护第一的原则。当然保护是必须的，因为文物是唯一且无法复制的资源，并且经历了岁月的洗礼，愈加脆弱容易损坏，因而始终坚持保护第一是根本前提，强调资源本体保护和原生态保护，历来是世界各国资源立法的根本原则。在资源利用上，要坚持适度利用，使用方式和时间等一系列情况要严格进行规定，整体保护也要明确划定范围和所属责任机构，即那些资源属于世界文化遗产地管理机构的管理和利用。在遗产利用前不能缺少对文化遗产的全面认识，应组建相关学术力量对其进行深入研究，对情况进行评估，再根据条件加以利用，编制遗产保护利用总体规划，避免无序利用或高负荷利用。

（3）利益相关的原则。对文化遗产的重视和对其保护范围的扩大带来的后果之一就是利益相关者的大幅增加，因此在遗产利用过程中，管理要围绕利益相关者展开，合理分配权益，主次分明，利益划分明确，协调各方关系都是需要进行的重要工作。

（4）适度非营利性的原则。遗产资源是准公共物品，资源利用和旅游发展要坚持公益性和效益性的统一，以满足社会需求为中心，通过赢得更多公民、更多专家的理解、支持与合作去适应市场需求，从而确保组织目标的实现。多进行非营利性的公益展示，尊重文物的文化内核，适度营利。无论何种形式的利用，都不能违背公民教育的准则。

（5）共同受益的原则。在资源利用和旅游发展中，统筹兼顾国家利益、地方政府利益、开发企业利益、社区居民利益、旅游者利益及后代人利益和全人类共同利益，建立起公平合理的各种利益权衡与分享机制。

（6）持续发展的原则。坚持以遗产保护规律、生态保护规律与市场经济规律为指导，注重在利用内容和形式上彰显文化遗产的内涵和周边环境的和谐，实现遗产保护和经济利益共存，以期可以携手同行、长期发展，同时注重生态平衡，实现资源利用和旅游开发的可持续发展。通过文化遗产的功能延续和更新利用，维系与当地社区居民生产生活和文化情感的密切联系，从而保持文化遗产发展演进的活力。

二、世界文化遗产利用的立法

虽然倡导公益性，但是不能迷信公益，因为遗产资源是否得到足够保护，是否得到合理利用，取决于法律的制度安排和政府的执政能力，取决于保护利用成果的共建共享和是否惠及社会成员。

（一）遗产利用的立法理念

利用本身也是保护需要。研究制定这方面的法律、政策和标准也需要一个过程。对遗产利用，要鼓励创新、允许试验；从各级政府、专家学者到社会组织再到大众媒体，都应抱以客观宽容的态度，不捧杀不棒杀。各级政府及其职能部门、遗产管理机构应把拓展利用真正体现到工作理念和实际工作中，在项目立项、制定规划、设计方案时统筹兼顾遗产保护利用内容，一同研究部署、一同组织实施、一同督促检查，将其纳入经济社会发展规划。

（二）遗产利用的立法目标

遗产利用包括公益利用和市场利用，两者皆不可偏废。遗产利用可以与经济结构调整、发展转型升级相结合，与城乡建设、生态文明建设相结合，与改善民生、传承文明相结合；成为优秀传统文化传承体系的重要内容、公共文化服务体系的重要支撑、建设社会主义文明社会的重要力量，为实现一个永恒的春天、为中国在世界强国之列屹立不倒、为继续延续并发展璀璨的中华文明做出应有的贡献。

（三）遗产利用的立法重点

遗产资源利用要适度，国家立法机关和行政机关应当确定遗产资源利用产业类型、产业指导目录及详细清单，根据保护遗产资源对所需技术进行归纳总结，对利用范围进行明确划定，不能进行市场化的部分必须严格保护，可以部分进行企业化经营的要规定细则，可以进行企业化进行的也要予以监督。建立遗产资源利用申报制度和监督检查制度。

（四）遗产利用的立法条款

遗产资源利用的立法条款应主要包括遗产资源范畴及资源利用的范围、原则、方式，不同类别世界文化遗产的资源利用、不同资源利用方式规定、不同资源利益分配、资源利用监督管理机制。应抓紧研究制定不同类型遗产资源利用的评价标准，鼓励探索不同利用途径。不同类型遗产资源在利用、开发上应有不同的层次、内容和形式，也应有不同的评价标准。对不同类型遗产资源及遗产地资源，要分类制定利用原则、准入条件和工作规程，建立分类利用标准、保护补偿机制与社会评估体系。

（五）遗产利用的立法支持

无形资产是世界文化遗产地资源的重要组成部分，世界文化遗产区域拥有大量的、尚未开发的无形资产。无形资产能够创造经济效益，且不会受到遗产资源特殊性的制约，优先无形资产的市场利用乃是顺其自然，政策和立法的大力支持乃是破题首选。保护世界文化遗产地名称和遗产区域特有的遗产资源及附属的一系列相关资源（如文化资源、景观资源、生态资源、生物多样性资源、水资源、土地资源），任何部门、企业、社会组织、个人在未经遗产管理机构许可的前提下，不得以营利为目的使用世界文化遗产。

第七章

世界文化遗产保护管理实践

　　世界文化遗产越来越受到人们的关注，因此在世界文化遗产保护与管理方面也应加大重视。本章主要探究英国爱丁堡世界文化遗产保护与管理、平遥古城世界文化遗产保护与管理、登封"天地之中"历史建筑群世界文化遗产保护与管理。

第一节　英国爱丁堡世界文化遗产保护与管理实践

英国的世界遗产保护管理理论研究与实践起步较早，保护管理制度建设与各项具体措施趋于成熟，并已取得良好的效果。英国各地区的世界遗产保护体系各有特色，依托自身独特的资源条件形成了既符合《保护世界文化和自然遗产公约》要求，又具有地方特色的世界遗产保护管理体系。其中，爱丁堡世界文化遗产地的体制安排、法律架构、具体策略及公众教育等方面的经验，尤其值得借鉴。

一、英国爱丁堡世界文化遗产保护与管理的体制安排

英国爱丁堡世界文化遗产保护管理的模式兼具中央与地方两种体制，同时民间机构也参与其中，即主要由苏格兰文物局（Historic Scotland）、爱丁堡市政府（Edinburgh City Council）、爱丁堡世界遗产信托（Edinburgh World Heritage Trust）及其他民间社团，共同对爱丁堡世界文化遗产进行保护管理。这种由中央政府、地方政府、专家咨询机构、民间私人团体同时参与的世界遗产保护管理运作体系确保了在世界遗产保护管理过程中的相对开放性、科学性与公正性。这种综合管理的模式范围广泛、执行严格，且较为完善，各机构和组织的主要职责和作用有以下四点。

（1）苏格兰文物局。英国的世界文化遗产主要由文化、媒体及体育部进行统一管理。而苏格兰的世界遗产由苏格兰部长负责，但有新的世界遗产提名时，则需向文化、媒体及体育部提交申请批准。苏格兰文物局是苏格兰政府的执行机构，代表苏格兰部长对苏格兰的历史环境进行相关的宣传、推广及保护活动。苏格兰文物局负责苏格兰所有的世界遗产管理，同时也负责与世界遗产保护管理相应的政策法规的制定与实施。此外，苏格兰文物局还管理着爱丁堡旧城和新城中最为重要的爱丁堡城堡（Edinburgh Castle）与荷里路德宫（Palace of Holyroodhouse）两处文化遗产。①

（2）爱丁堡市政府。作为国家、中央政府的延伸和代表，爱丁堡市政府在遗产保护中具有重要的作用，它主要负责规划开发、土地使用，直接管理、监督和协调各种遗产保护，颁布城市范围内建筑遗产及世界遗产的特殊法令等。在市政府机构内部有专门的世界遗产官员来处理与世界遗产相关的各项事务，并在城市规划系统的审批阶段起关键作用。

（3）爱丁堡世界遗产信托。自爱丁堡的老城区和新城区被列入《世界遗产名录》后，爱丁堡旧城更新信托（Edinburgh Old Town Renewal Trust）与新城保护委员会（Edinburgh New Town Conservation Committee）合并成立了爱丁堡世界遗产信托，专门负责爱丁堡世界遗产的保护管理、宣传教育、新闻推广等各项工作。同时，爱丁堡世界遗产信托由爱丁堡市政府与苏格兰文物局共同管理并提供资金。

（4）一些非政府民间保护组织。例如科本协会（Cockburn Association）、苏格兰建筑遗产协会（Architectural Heritage Society Scotland）、苏格兰城市信托（Scottish Civic Trust）、苏格兰国家信托（National Trust for Scotland）等，也对爱丁堡世界遗产的保护起着重要的监督、教育和推广作用。

爱丁堡世界文化遗产保护管理体制是一种自上而下和自下而上相结合的综合组织管理模式，这种以中央—地方行政机构为主体，专家咨询合作与民间机构为辅的世界遗产保护管理体制值得中国学习。中华人民共和国文化部门与地方政府作为主导，负责我国世界文化遗产保护管理宏观层面的政策法规与大部分资金拨款，而与世界遗产保护管理有关的具体性事务则由相对独立和专业的咨询执行机构作为第三方中介来进行处理，其与行政机构的紧密联系，以及内部以职业专家和学者为核心所组建的技术团队，可以确保对各项保护管理项目提供经费保障和实际的技术支持，同时也有效地避免了政府因缺乏专业经验而对世界遗产保护管理工作造成的负面影响。

尝试将保护世界文化遗产的责任和权力进行分散，由政府部门和其民间组织团体共同承担。权责分散对保护世界文化遗产具有非常重要的作用，主要体现在以下几个方面：其一是分担政府部门的管理压力；其二是能够吸引民众参与，培

① 李婕.英国文化遗产保护对我国的借鉴与启示——基于财政的视角［J］.经济研究参考，2018，（67）：32-39.

养民众保护文化遗产的思想。其三是对文化遗产的变化做出专业性评估，并提出详细的指导改进意见。可以预见，未来中国各种社会团体、公众组织所代表的公众层面的作用与影响力会不断加强，保护世界文化遗产研究方面必然会成为炙热的课题，其中非常重要的一个研究方向就是能否实现中国原有管理模式的转变，即将政府部门集中管理的权力分散到各种社会团体、公众组织等专业机构中，利用这些组织更加专业的技术能力及信誉，代替政府部门，对世界文化遗产进行保护。

二、英国爱丁堡世界文化遗产保护与管理的法律体系

爱丁堡对世界文化遗产的保护和管理非常严格，尤其是在系统规划及调控方面，这种保护不仅局限于世界文化遗产产地的建筑，还包括其周边的历史环境。其规划政策法令、古迹保护法令、历史环境政策条例主要来自国家、区域和地方三个不同的层级。

（一）宏观层面的法律法规

在国家宏观层面主要有以下四个法律法规：

（1）《1997年城市与乡村规划法（苏格兰）》《2006年规划法（苏格兰）》。这两个规划法是指导苏格兰规划与发展的最重要的基本法律，提供了区域和地方的规划政策框架。①

（2）《1997年规划（登录建筑物及保护区）法令（苏格兰）》《1979年古迹及考古地区法令》。这两个法令是针对单体建筑、纪念物及具有独特考古和历史价值地区的保护法律。其明确指出保护区为具有特殊建筑或历史价值的区域，其特色和形象值得加以保存或提高，同时规定将保护区的认定与单体建筑区分开来，并且规划机构要划定其所辖区域中保护区的范围。

（3）《苏格兰历史环境政策》。《苏格兰历史环境政策》是苏格兰历史环境保护管理基本政策的指导文件，替代了之前所颁布的《（登录建筑物及保护区）指导备忘录》。其确立了历史环境保护的各项政策，为苏格兰文物局提供了政策导向，并为一系列相关组织机构开展历史环境的日常保护管理工作提供了基本框架。

---

① 朱蓉. 澳门世界文化遗产保护管理研究［M］. 北京：社会科学文献出版社，2015.

（4）《苏格兰规划政策》。《苏格兰规划政策》是苏格兰政府在土地利用规划方面的政策法规，确定了苏格兰政府在规划系统执行过程中的核心原则和目标，通过考虑开发对世界遗产突出的普遍价值、真实性、完整性等方面的影响，来防止世界遗产遭到破坏。其还明确指出规划部门应保护世界遗产及其周围环境和制定相关的开发规划政策，使其免于不正确的开发。在审批开发项目申请时应考虑新项目可能会对世界遗产所产生的影响，并且必须制订相关的管理计划来总结遗产的重要性并确定遗产保护和发展的政策。

（二）区域层面的法律法规

区域层面的法律法规主要有以下两个方面。

（1）发展规划是用于评估规划许可申请的法规，由《爱丁堡与洛锡安区结构规划》与地方规划共同构成。未来可能被策略发展规划以及地方发展规划所替代。

（2）《爱丁堡与洛锡安区结构规划》是提供土地使用开发长期远景框架的法规，其内容包括可持续发展的原则目标、爱丁堡与洛锡安区的发展要求，以及如何保护自然与建筑环境遗产、提高区域生活质量等的具体措施。

为了更高效地保护爱丁堡境内世界文化遗产，爱丁堡市政府制定并出台实施了一系列保护世界文化遗产方面的地方性政策法规。这些法规较之国家、地域层面的法律法规，更加详细及具体，并且，可操作性更加强大。不仅能够更加高效地保护文化遗产的建筑，还能够保护世界文化遗产所在地的整体景观。主要包括以下三个法令和文件。

（1）爱丁堡城市地方规划制定了爱丁堡城市的远景发展目标，并包括针对历史环境所有方面保护的详细政策。同时兼顾自然与建筑环境遗产的保护及城市新发展的项目对世界遗产的影响，从而既确保新开发项目具有高质量的设计，又尊重、保持和提高了城市的特色。

（2）《爱丁堡保护区特色评估》。爱丁堡市政府对其现有保护区进行特色评估，内容主要包括五点：第一，简介：包括特色评估的目的，保护区确定的日期、位置及边界范围，人口统计；第二，历史起源和发展：保护区形成的因素；第三，空间结构、城市景观、建筑特色、使用与活动及自然遗产等方面的基本要素分析；第四，保护区优劣势、开发压力、实施改善方案的广泛原则；第五，基本信息与细节内容：包括地方规划的主要目的、相关地方规划政策的参考、其他法定补充导则、登录建筑规范及树木的保护等。通过确定构成每个保护区建筑与历史重要性的关键要素、基本特征以及特殊质量，来进一步实现政府保护环境的政策目标。

（3）其他指南。爱丁堡市政府还制定了一系列其他的指南、标准和法令，作为对爱丁堡城市地方规划和《爱丁堡保护区特色评估》的有效补充，对于爱丁堡世界文化遗产的保护起到了重要的作用。

为了从源头上保证爱丁堡境内世界文化遗产建筑环境的原真性和完整性，当地政府从国家、地域及城市等不同层面上出台了相关保护政策法规，形成了非常完善的世界文化遗产政策保护系统，法律内容较为细致、规范和具体。相关法律法规均将文化遗产纳入城市规划的范畴，通过对规划开发进行评估控制，来防止对区域内的历史文化遗产造成破坏，具有很强的可操作性，值得中国学习。此外，在其法律法规中"保护区"的特色评估政策也十分具有借鉴性。一旦世界遗产地内有新开发项目进行申请，保护区的特色评估就可以与现有法律规划政策、具体导则及特定场地的发展要求等一起，共同建立起框架，来严格评估和控制新项目对保护区特色和形象所产生的影响，同时也对遗产地规划政策及开发控制决定的建议提供了合理的基础。

世界遗产的城市规划控制依然存在立法真空，因而无法对中国历史城区及其周边的建设发展项目进行具体有效的宏观调控和监管。建议中国的文化遗产保护法律与城市规划法紧密结合，逐步扩大文化遗产的保护范围，不再仅仅局限于保护单个文物古迹和其周边环境上，还应注重对文化遗产整体性的保护，尤其是要具备特殊价值的连片区块的整体性，另外对文化遗产的建筑所处环境的认识，也应该有所转变，即不再局限于自然环境，而是逐渐实现与建筑所处的历史环境、社会环境甚至包括与周边其余建筑的综合关系，这样才能够真实反映出保护世界文化遗产的原则——"真实性"和"完整性"。

三、英国爱丁堡世界文化遗产保护与管理的具体策略

在完善的体制安排与法律体系的基础上，爱丁堡世界文化遗产还通过多元化的方法策略，积极保护世界遗产的历史建筑及景观环境，改善居民生活质量和遗产地投资、旅游环境，为世界文化遗产的可持续发展寻求更大的空间。主要包括以下两条相关措施。

（一）改善公共空间的景观环境

爱丁堡十分重视整治和改善旧城和新城中的公共空间，它们不仅具有独特的历史、社会、文化价值，同时，景观环境的改善和使用质量的提高也使其成为城市中最具有吸引力和体现城市文化特征的地方。人们更愿意在那里停留、娱乐和消费，进而提升整个地区潜在的商业经济价值。为了复兴世界遗产的历史价值和增强场所性，爱丁堡进行了首都街道计划（Capital Streets Programme），使城堡街、圣安德鲁广场、格拉斯广场及皇家英里街、南桥等一批旧城和新城中的街道和广场的环境得到了有效的整治和改善。

作为城市景观的催化剂，街道照明系统也成为世界文化遗产中公共空间的景观环境整治与改善的一个重要内容。爱丁堡世界文化遗产地最重要的街道上采用了苏格兰首个 LED 街道照明系统，这种节能高效的 LED 照明技术不但可以减少 50% 的能源消耗，而且还能减少碳排放量，进而改善空气质量。其中安装的智能控制的近距离传感器可在人或车辆经过时即时亮起，清晰的白色光使街道更为安全。LED 灯的固态原件使用寿命长达七年，能够防止故意的人为损坏，从而减少了灯具的维护成本，并且其简洁的外观也不会对周围的历史景观环境造成很大的影响。LED 灯在该地区的后期使用过程中取得了很好的效果。

此外，为了改善世界遗产地的街道视觉景观环境，爱丁堡还进行了店面标志和广告控制的项目尝试，即在爱丁堡最主要的街道——皇家英里街沿街区域范围内，所有新店铺采用的标志都需要得到苏格兰政府的规划审批许可，而原有店铺的标志若对保护区的特色和形象产生明显的破坏，政府便会要求其去除。这项计划如果成功，将会在爱丁堡世界文化遗产地的其他部分区域中继续推广施行。

（二）增强对世界文化遗产的保护与发展

如何处理好城市建设发展和文化遗产保护之间的关系，是当前世界遗产面临的普遍问题之一，爱丁堡世界文化遗产在此方面的经验也值得借鉴。目前，爱丁堡旧城和新城中约有 75% 的建筑为 A、B、C 级登录建筑，由于登录建筑众多，避免登录建筑被拆除就可以更大范围地保留城市传统街道地标与肌理，同时也与可持续发展的目标相一致。相关政策法规的实施及保护专家提供的建议保证了这些法定登录建筑在单体结构、建筑环境、庭院、建筑室内等方面得到整体性保护。例如，位于迪恩村庄保护区的 A 级庭院建筑威尔考特的修复保护，由爱丁堡世界遗产信托与其中居住的 55 个住户共同配合，耗资 100 多万英镑，最终完成对建筑的屋顶、窗户、石材、钟塔以及公共区域的保护工作。所有的修复工作都采用了传统建造材料以及工艺技术，从而保证取得最佳的保护效果。①

爱丁堡世界文化遗产地在考虑到国际保护规定及地方文化特征的基础上，还特别注重协调发展与环境保护，确保保护工作与新建筑建设之间的协调共生。人们不断意识到遗产地历史建筑与地区所具有的综合效益与价值，通过可适性再利用设计，促进文化遗产的可持续性发展和提高城市的共同意象与认同。爱丁堡在对文化遗产建筑保护和利用方面出台了一系列的政策，此类政策的出台，使得文化遗产建筑在现代生活中得以继续利用。这些政策，对原有建筑的使用方式做出了改变，不再以保持原建筑的固有设计功能为主，而是推崇新的改建方式，这种方式提出了改建原有建筑的标准是持续合理发展，如非必要，不得改动原有建筑设计，在改建过程中，必须符合现行的相关建筑标准，如抗震性能、防火性能、卫生条件以及建筑结构规范等，改建后的建筑还应该充分考虑人文关怀，达到无障碍设计标准要求，能够满足当今社会长时间使用的要求。

在新城区，许多佐治亚风格的城市住宅建筑经过修复，用作商业办公，它们要比住宅（一般要求划分成公寓）要求更好地利用建筑原始的平面形态。在旧城区，一些新建建筑在尊重历史文脉的原则下，采用新技术、新材料、新建筑语汇反映时代特征，在设计中很好地参考了旧城传统建筑的形式与特色，保存了文化价值的理念，并有机融入其周围的环境，保持与历史、景观的紧密联系。它们与旧城区的历史建筑相互辉映，共同构成爱丁堡独特的城市特色。

---

① 朱蓉，吴尧. 爱丁堡老城和新城的保护管理经验［J］. 工业建筑，2015，(5)：6 – 9.

第二节 平遥古城世界文化遗产保护与管理实践

一、平遥古城世界文化遗产保护

平遥古城位于山西省中南部，距太原市约100千米。1997年底被联合国教科文组织（UNESCO）评定为世界文化遗产。在入选世界文化遗产的评定报告中描述到：平遥古城是中国汉族城市和明清时代的典型代表，保留了该时期的所有特点，并且涵盖了我国发展进程中非常独特的文化、社会、经济和宗教变化，是一幅完整的画作。该报告极度赞扬了平遥古城的历史价值和文化价值。

平遥古城在我国现存的明清时期县城中是保留最为完整的，对研究该时期我国历史和文化现状具有非常重要的作用，它被誉为东方彩塑及古建筑艺术的博物馆，中国近代商业文明的杰出代表，近代金融业的发源地，是我国古代城市和文化遗产保护的杰出范例。由于同时符合世界文化遗产评定的多条标准，平遥古城连同城外的双林寺和镇国寺与丽江古城一起被联合国教科文组织确定为世界文化遗产，填补了我国古城类世界遗产的空白。

（一）平遥古城遗产保护的现状

一直以来，平遥古城的保护具有突出的成绩。特别是申报世界遗产成功以后，社会各方面保护意识的大大加强，使古城遗产保护逐渐规范化。但是，与世界遗产较高的保护要求相比，古城保护中还存在很多问题，需要在以后的工作中进一步解决。

1. 保护经历曲折

平遥古城的保护经历了一个比较曲折的过程。20世纪80年代中期以前，由于地区经济比较落后，在别的城市进行大规模城市改造的时候，由于经济条件的制约，平遥古城没有能力实行当时国内盛行的"拆旧建新"的城市改造方案，按历史原貌保存了下来。但从 1987 年有关专家注意到古城珍贵的历史价值以来，逐步引起政府和社会各界的重视，保护开始由被动转向主动。

随着经济的发展，平遥政府也制定了改造规划，为平遥制定了高水平的规划方案——《平遥县城市总体规划》，指导古城遗产的全面保护。20 世纪 90 年代初，又制定了《历史文化名城平遥古城保护与发展战略》等一系列政策。在这些政策规划的指导下，平遥古城的保护上了一个新的台阶。

（1）物质遗产得到有效保护。1997 年以来，平遥对古城文物的保护基本遵循了世界遗产保护的准则，取得了突出成绩。平遥县全面实施八大文物保护与旅游配套工程，包括城墙南瓮城修复工程、旅游通道建设工程、护城河修复工程、日升昌修复工程等，这些工程的实施有力地推动了古城物质遗产的保护。

（2）古城环境得到改善。为了改善古城环境，县委各部门联合行动，对古城区进行全面整顿，逐步拆除临街橱窗，清理不规范广告牌，对主要街区实行全天候保洁，并实行上门收集清运垃圾制度，初步改善了城市不好的面貌。另外，当地政府积极制定相关法律法规，旨在监管环境污染源头，坚决杜绝污染古城环境事件发生，极大地提高了平遥古城的环境条件。

（3）基础设施建设有所加强。1997 年以来，平遥投资 2048 万元对古城主要街巷进行改造和上下水配套建设，共改造建设道路 40 余条，长度 11.9 千米，铺设地下线缆 12 千米，涵盖电力、电线、广电等"三网"线路。相关部门在维持古城原貌的基础上，在干字形街道上铺设石板，还将街道划分出行人步行区，进行统一管理，这些措施不仅极大地完善了平遥古城的基础设施，还有助于改善当地居民的生活及外来游客的出行，在一定程度上对平遥古城起到了保护作用。

（4）传统文化受到重视。传统文化是平遥古城遗产的重要组成部分。为了全面地保护古城遗产，相关部门深度挖掘古城的文化及其内涵，在此过程中恢复了许多文化艺术和民间传统，大量记载古城古老文化的信息符号获得新生，在现代生活中得以焕发出新的活力，这些信息符号涵盖了许多方面，诸如老字号、老商号、老工艺等，这些都在一定程度上展示了平遥深厚的历史文化底蕴，加深了人们对其文化价值的认识。

2. 保护面临的困境

随着时间的发展，人们逐渐认识到了保护平遥古城的重要意义，古城的保护工作也获得了极大的进展，大部分遗产被有效地保护起来，平遥古城的环境改善工作也取得了非常令人满意的效果，但是工作中还存在着某些不足，尚未达到世界文化遗产的保护标准的要求，这些不足集中体现在以下四个方面。

（1）名宅古屋的乱拆、乱盖。为了追求现代生活，一些居民和单位对原有建筑私自改造拆建，这些行为造成了严重后果，非常不利于文化遗产的保护工作，在此过程中，大量具有保留价值的四合院、名宅遭到破坏，失去了本来面貌。诸如在原有大院的基础院内建造小院，甚至是在小院内搭建棚户，还有些在古老宅院门墙或者屋外黏贴现代的彩色瓷砖，严重破坏了明清时期的古老风格，与世界文化遗产保护的要求相去甚远，反映出世界遗产保护与社会经济发展、居民现代生活之间的突出矛盾。

（2）古城基础设施滞后。古城内尚有九十余条中小街巷尚未硬化改造，城市基础设施不够完善，如供排水设备不匹配，匮乏集中供气设施、供热设施，还没有建设污水处理厂，一半以上地段没有供水管道；古城内公共绿地面积缺乏，环卫设施简陋；文物景点、重点民居和主要街道消防设施数量不足，存在一定的消防隐患。

（3）古城周边环境和古城遗产难以协调统一。世界文化遗产和其所处的环境处于同一时期，相得益彰，诸如古老商号、护城河等是古城遗产不能缺少的构成成分，是平遥古城杰出存世的点缀。不幸的是，在当地旅游业蓬勃发展的背景下，供游客游览的道路不断在古城外围修建，许多垃圾被投入美丽的护城河，现代的广告灯箱布满了护城河两岸，西城门外的两层现代化酒店，古老城墙下小商贩胡乱地叫喊等，无不彰显着古城的无奈，以上所列仅仅是与古城遗产不协调之处的几个范例，这些都极大地破坏了平遥古城作为世界文化遗产的整体面貌。

（4）许多文物古迹遭受破坏。由于多方面的原因，古城内外部分散落的文物古迹未得到及时收藏保护而丢失毁坏。一些较高价值的名胜古迹，例如贺兰桥、九眼桥等未能及时得到保护和开发利用，造成文物资源的严重浪费，这与平遥世界遗产地的身价是极不相称的。

总之，平遥古城以其突出的历史文化价值被列入世界文化遗产，是人类文明的杰出代表，具有极高的保存价值。目前，古城的保护取得明显的成绩，有许多可取之处。但是也存在不少问题，需要在保护开发过程中加以纠正和完善。特别是在现代经济和旅游发展的过程中，如何更好地实施保护，并妥善处理好保护与旅游发展的关系，避免旅游发展对古城遗产、社会环境和文化传统造成的破坏，将会是一个需要长期研究解决的课题。

（二）平遥古城遗产保护的价值及特性

1. 平遥古城遗产保护的价值

平遥古城的价值有以下四点。

（1）平遥古城在我国已发现古老县城中，保存完整性最高。该城是中国境内至今为止，留存于世的保存最为完整的古代县城，自明清时代至今，已有700余年的历史。明朝洪武三年，即公元1370年，平遥古城已经具有了今日所见之规模。自建成之日起，600多年内，城市格局从未改变，城墙古老且非常完整，古老的建筑非常有序地排列于城中。城内街道两侧的商铺历史悠久，可追溯到公元17—19世纪。整座平遥古城体现出了中国明清时期历史、文化、商业生活的全部风貌，犹如一幅古老的画卷。

（2）平遥古城是明清时期我国最繁华的经济中心。我国现代金融业起源于明清期的平遥古城，古城境内诞生了我国历史上第一家票号——日升昌。随着票号的不断发展，平遥古城一度成为我国的商业和金融中心，票号的诞生与发展，在我国金融历史上具有划时代的意义。票号由诞生至兴盛再至最后消亡，经历了100多年，其间，中国境内最大的票号商贾云集于古城之中，对平遥古城的经济发展起到极大的促进作用，同时为子孙后代留存了大量宝贵的历史遗产。

（3）平遥古城是我国现存规模最大的汉民族古民居建筑群。古城内传统民居建筑鳞次栉比，种类繁多，具备保护价值的传统四合院数量高达3797处，其中400多处保留相当完整，未受到破坏。这些建筑承载了平遥古城悠久的历史文化，具有非常重大的研究价值。通过这些建筑，可以研究古代的历史文化，也可研究明清时期的民俗，还可以研究该时期的建筑风格、建筑艺术等，它向人们展示了典型的明清时期中原的民居风貌。

（4）平遥古城是众多高品位历史文物的荟萃之地。平遥是我国的文物大县，古城及古城周边拥有百余处各级文物保护单位，具体包括国家级文物保护单位5处，省级文物保护单位6处，县级文物保护单位90处，所有文物的文化品位都非常高。

2. 平遥古城遗产保护的特性

平遥古城被收入世界遗产名录的原因是，该城具有非常高的历史文化价值，符合世界文化遗产保护的特殊意义。平遥古城主要具备以下两个特点。

（1）世界和国家范畴上具备唯一性。平遥古城的唯一性和难以复制性在历史文化方面和建筑景观方面展现得淋漓尽致。城内明清时期建筑得以完整地保存至今，清晰地展现出明清时期的历史风格和生活面貌，这是其余任何城市都难以具备的，所以其存世价值非常高。

（2）不能逆转，难以重现。平遥古城能够成为世界文化遗产，是长期社会历史文化不断积累的结果，该城蕴含的历史、文化和艺术是所有现代景观建筑无法取代的，即便是应用当前最为发达的制造工艺和模仿技能进行仿制，制造出来的也仅仅局限于表面，古城本身所蕴含的历史文化底蕴是绝对无法仿制的。

针对平遥古城这一特殊的遗产资源，只能运用预防性措施，对其进行严格保护，这是由古城本身的价值和特殊性质所决定的。如若不然，万一古城受到破坏，造成的后果是无法弥补的。这与《保护世界文化和自然遗产公约》第四条规定不谋而合，即人类社会对已确认的遗产资源唯一可做的是"保护、保存、展出与遗传后代"。

（三）平遥古城遗产保护的原则与必要性

1. 平遥古城遗产保护的原则

（1）古城遗产保护的核心原则：真实性与完整性。保护世界遗产就是要保护它在生存过程中所获得的有意义的历史、文化、科学和情感信息，保护它的真实性和原生性，保护它一定范围内的历史环境，不让它因失掉历史形成的环境而孤立。世界文化遗产最主要的两个原则之一是真实性，这一原则出自《保护世界文化和自然遗产公约》。文化遗产的真实性主要是指文化遗产的特征，这一特征不仅指的是后期呈现给世人的特征，还应包括其产生、发展时期的特征，还包括这些特征所蕴含的具体含义及来源。此外遗产的精神与感受、形式与设计、传统与技术、利用与影响、材料与实地、位置与环境等多种内容都要符合真实性原则。至于真实性这一原则如何具体实现，就需要从社会、历史、文化、艺术等多个层面来获取；第二个原则条件是完整性。所谓的完整性也要从两个方面来论述：①要最大程度地保证文化遗产的自身组织结构的完整；②文化遗产本身外在结构的完整要和它传达的精神文化高度统一。

平遥古城就是真实性和完整性的完美结合，它的历史价值不仅在于体现了明清时期的建筑外形，还展现出明清时期那种独有的文化内涵。保护明清历史文化的真实性是古城保护的灵魂，保护古城格局的完整性则是体现其真实性的必要前提。

（2）格式塔心理学中的"图底关系"在现代建筑中被广泛运用。所谓"图"就是需要重点保护的纪念性建筑，那么"底"就是在建筑物周围存在的许许多多的近现代建筑及传统居民。目前在历史保护这一方面，已经由以前重视对"图"的保护转化为对"底"的重视。"图底"都能重视就会将具有纪念性价值的建筑与周围环境和居民融为一体，达到平衡状态。

平遥古城目前的保护工作就是"图""底"合一的做法。平遥古城四合院有三千多处，其中有不少民居也具有相当大的文化价值。平遥古城在重视对"图"的保护同时，还对有特定文化特色的民居、街区及流传下的传统文化风格和建筑格局等"底"的保护。这样就让"图"与"底"互为呼应，更能展现平遥古城独有的文化韵味。

历史环境保护与自然环境保护都是古城环境保护的重要方面，历史环境保护与自然环境保护是同一枚硬币的不同的两个面。平遥古城在保护过程中应充分考虑历史城市的形态特征，维持原有的城市格局，避免大拆大建，在对古城环境保护中要注意尺度适中，不要破坏原有的道路格局及原来道路与建筑的比例关系。与此同时还应该注意沿街建筑的色彩、形式、材料、尺度等方面都要与古城环境相匹配。沿街建筑中会有很多广告牌或者门面招牌等现代化设施，这些设施尽量选取与古城环境一致的色调，并且要遵守相应的条例规范，做到现代化产品与传统文化建筑相结合，避免造成视觉污染，失去古城韵味。

2. 平遥古城遗产保护的必要性

世界文化遗产是人类在历史的发展过程中遗留下来的宝贵的物质财富和精神财富。从某方面来讲它反映人类社会发展这一进程，具有历史意义。与此同时它还能展现历史、社会、科技、审美、经济等多种社会进程，所以对世界文化遗产的保护相当重要。当代人的责任和使命就是尽最大努力保证世界文化遗产的完整，将世界文化遗产一代又一代地传承下去，这同样适用于世界文化遗产的保护和利用。

平遥古城是我国古代城市的杰出代表，平遥古城是我国境内保存最为完好的一座古代建筑，诠释出中国汉民族在明清时代独特的风貌。在中国的发展历史中，它为人类展示出了一幅中国古代城市独有的文化、经济、历史、宗教、艺术等的画卷。平遥古城这一世界文化遗产在世界上的地位十分重要，有非常高的文化和历史价值。因此，对古城遗产进行科学合理的保护，是平遥面临的历史责任和第一要务，也是平遥古城及当地经济、社会、文化可持续发展的基础。①

（1）对古城遗产的保护就是对人类的保护。古城遗产是自然和祖先遗留下来的产物，现代人类生活节奏速度极快，只有与历史遗迹亲密接触，在接触中感受它对社会和人类造成的影响，领悟其存在价值，才会让人类与环境均衡发展，找到属于人类最适宜的生活环境，这一价值不能用金钱来衡量。

（2）当然对古城这种世界文化遗产的保护意义并不仅在于历史文化方面，它还对经济发展和社会发展有很大的意义。因为随着现代节奏的加快，市场经济的发展，对世界文化遗产的参观逐渐演变为一种产业，这种产业可以在保护文化遗产的同时带来直接的经济效益，提高当地居民的生活水平。当地居民获取生活经济的同时自然会加大对文化遗产的保护力度，只有这样他们的经济收入才会源源不断。

（3）古城遗产反映出古城建造之初、建造过程以及建造完工后等的历史信息，它承载着历史文化，对世人起到警醒的作用。了解更多的古城遗产，就对当时古城建造时期的祖先有更多的了解，就能够学会反思与启迪，在此过程中会将历史文化和现代文化互相融合并继承发展传统文化。

二、平遥古城世界文化遗产的管理模式

世界文化遗产的管理模式，也就是管理世界文化遗产地的一种行政制度，它也是经过长期实践后形成的。一般包括保护管理方针、管理体制、经营体制这三个方面。这是其他一切管理工作的基础，而经营体制则是在管理体制的制度规定下进行的运营方式，保护和管理方针则是在前两者的基础上所进行的具体保护与管理方法，从这三个方面，基本上可以全面地概括世界遗产地的管理状况。

平遥古城是我国重要的文化遗产，与此同时它也是世界文化遗产，既要规范我国有关文化遗产的保护和旅游管理工作，又要符合国际组织的规范要求。为了找到适合平遥古城的遗产管理模式，就要先对世界文化遗产管理状况清晰明了。

---

① 邵甬，胡力骏，赵洁，等. 人居型世界遗产保护规划探索——以平遥古城为例［J］. 城市规划学刊，2016，（5）：94－102.

（一）平遥古城世界文化遗产的管理体制

我国风景名胜区多不胜数，每个风景区都有自己的管理体制，我国在计划经济体制这一基础上形成了属于自己的管理模式，简称为"条块分割"管理体制。一方面从中央到地方的管理体制属于"条"，它详细地规划了世界文化遗产地要受到工商、文物、建设、林业、宗教等多个不同部门的管理。这些主管部门会按照政府要求颁布世界文化遗产地应该遵守的法规并有监督之权。另外，当地政府可以行使投资、人事、决策等权力进而达到对地方机构的管理，这属于"块"。

我国的世界文化遗产主要由国务院下属的建设部门和文物部门分别实行从上至下的管理，形成"条"的格局；在地方上，地方政府又对当地的建设、文物等部门实行行政上的统一管理，最终成为"块"的格局。目前对于世界遗产地的管理制度是"条"与"块"相结合的一种状态。这种管理机制的形成是因为国家把权力由中央下放到地方而形成的。这种管理制度下，地方对于世界遗产地的行政管理职能占据了主要地位，能够下达一系列的规章制度，掌控实际权力。但是权力下放后，地方政府过于重视经济利益和资源的开发，而忽略了对当地文化遗产的保护，这是需要引起注意的地方。此外，又受到这种条块分割同时存在情况的影响，不免会出现一个世界文化遗产地在不同方面归不同部门管辖，这就造成管理上的混乱、管理效率极度低下等各种情况。

具体到平遥的情况，其文化遗产主要由文物部门主管，但是在保护、管理和经营过程中，还涉及旅游、建设、林业等部门，它们在业务上受其上级部门直接领导，同时在平遥，作为政府行政部门，受平遥县政府直接领导，形成典型的条块分割的管理体制。在这种管理体制下，部门之间的利益争夺等现象不断出现。

（二）平遥古城世界文化遗产的经营体制

如若从经营管理来划分我国的世界文化遗产经营，主要是以下两种。

（1）第一种是政企合一经营模式。这种经营模式是由行政主管部分把经营权给了下属的管理机构来运行。"政"管理企业经营活动，"企"是对遗产地的食宿、娱乐、购物还有接待等服务进行管理。这种经营模式的好处就是收支自由，管理自由，能够达到政企合一、事企合一的状态。庐山风景区的管理模式就是这种。当然，这种管理模式也会有一系列的弊端，比如开发秩序混乱，效率低下，不能合理利用文化资源，还带有旧时期国企中的一些不良作风。

（2）第二种是政企分开模式。政企分开模式能够克服上文中提到政企合一经营模式带来的弊端。通过出让、机构划拨、出租、上市等方式，把经营权放给旅游企业，以此来解决经营管理低效的问题。黄山、"三孔"、陕西兵马俑、武陵源等都是由政府采取以上的方式交给当地的旅游公司来筹划经营。虽然这种经营表面上是企业管理，但是背后真正的决策发号者仍然是政府，政企分开的管理模式并没有切实执行。与此同时，这种经营模式比前者政企合一的危害还要大。因为企业的经营权受制于政府，政府下大力气在旅游经营空间方面，自然而然就忽略了对世界遗产的保护。同时，旅游公司因为有了政府的授权，会加大力度重视经济效益，而不重视遗产的保护。

目前平遥古城的管理模式就存在上述问题。"政"是平遥县政府和旅游局，"企"是平遥县政府和旅游局组织成立的古城旅游股份有限公司。公司中的主要领导成员是副县长和旅游局长，这就从某种意义上表明这个股份有限公司如果有重大决策，那么决策的权力在政府手中。这个股份有限公司有维护古城的责任，还有促进当地旅游开发，拉动效益的职责。然而当地政府对经济效益十分重视却忽略了对古城的维护修建，这里面很大的一个原因是，对于保护古城这一政策缺乏一个系统、全面、合适的测量标准。

（三）平遥古城世界文化遗产的保护与管理方针

平遥古城目前需要关注的问题是随着现代生活对环境的影响，古城对遗产的维护和修建方面。早在世界遗产申报之初，平遥古城就提出"新旧分离"的模式，这种模式是为了调整古城存在的旅游与保护两者之间的矛盾。为了保护古城遗留的建筑，保留它最原始的风貌和存在的意义，就有必要采取新旧分离这种模式。所谓的"新旧"就是指让古城中的部分居民和单位搬离老城区，逐步迁移至政府规划筹建后的新城区；至于剩下的部分居民，要不断学习了解和认识古文化遗产的社会文化意义和历史意义，争取完整保存古城中的一切文化古迹和原始风貌。不能期望古城区与新城区一样拓宽马路、拆除旧居建高楼，不能期望在古城生活比新城区更舒适。这种新旧分离模式在最大程度上缓解了现代生活对世界遗产的损坏，这也是对平遥古城最好的保护。与此同时，这也是一种双赢模式，既能守住平遥古城的原始风貌，又可以促进旅游事业的发展，让两者趋于平衡统一的状态。这种模式在平遥古城的保护和发展中发挥了积极作用，主要有以下四方面。

（1）平遥古城能被称为世界遗产就是因为古城独特的历史环境，如果因为现代生活中人口超多这一原因，让平遥古城的整体空间特色遭到破坏那是得不偿失的。

（2）在古城旅游人数逐渐趋向饱和的情况下，把休闲旅游延伸到新城区，在新城区建立娱乐康体设施、游乐园、旅游购物商场等，形成游憩商业区（Rec-reational Business District，RBD），既减轻古城的旅游压力，又能满足游客多样化的需求，同时有利于提高旅游综合收入，促进周边地区的经济发展。

（3）古城的环境和历史建筑是其成为世界遗产的重要因素。这些风貌的存在能够让平遥古城发挥其旅游的价值，而将影响古城内发展的用地迁至新区，既可以为古城保留最初的风貌，起到保护的作用，又不会影响旅游经济的发展，达到双赢这一目的。

（4）随着现代经济的发展，古城内大多数古民居建筑及道路交通、基础设施无法满足居民现代生活的需求，在新城开辟新区，建设现代设施与建筑，有利于改善居民的居住环境与生活质量。

第三节　登封"天地之中"历史建筑群世界文化遗产保护与管理实践

世界遗产是具有非凡重要性和普遍价值的文化遗产、历史遗迹和自然奇观。世事变迁，这些文化遗产至今屹立不倒。它不仅反映了不同的世界自然地理，也见证了人类多样又复杂的文明，是旅行爱好者了解和体验文明的重要窗口。随着时代的进步，国内的文化旅游业也在蓬勃发展。与此同时，不少被列入世界遗产的景区的收入一年比一年高。根据调查得知，明十三陵每年至少花费五千万用于保护文物的工作，这项经费占明十三陵年收入的至少百分之五十。由此可以看出，景区年收入的增加可以让文物保护的经费更充裕，让文物更好地保留下来。

另外，旅游活动也成为遗产地本体和周边环境风貌遭到破坏的直接原因。旅游产业带来的过度开发和密集人流对文物保护也存在负面影响，若是管理者认知不到位，重开发轻保护，就将对世界遗产的保护带来不良后果。

登封"天地之中"历史建筑群于 2010 年成功申报世界文化遗产。申遗成功后，随着该历史建筑群知名度的提高，登封"天地之中"历史建筑群的游客接待量迅速增加，景区的旅游基础设施修建和各种开发建设活动频繁，对遗产的保护和管理是一个严峻的挑战。本节以申请世界文化遗产成功后的"天地之中"历史建筑群为例，首先提出保护管理与旅游业发展两者之间的关系，在此基础上，提出一种在合理的遗产保护的前提下发展旅游业的方法。它在确保其遗产的真实程度和完整程度的前提下，充分展示了登封作为世界遗产的"天地"历史建筑群的魅力。

文化遗产作为城市的历史命脉，成为城市的标识和定位基础，为城市发展提供文化助力。在城市发展的过程中，既将世界文化遗产保护作为战略和目标，又将其作为实现城市发展的重要载体和途径，从而使城市发展与世界遗产的可持续发展和谐统一、同促并进。中华人民共和国国务院、河南省政府针对中原经济区、华夏历史文明传承创新区打造了建设的宏伟蓝图；郑州市政府也对中原经济区核心增长区、郑州都市区建设和华夏历史文明重要传承区建设进行了细致规划。在这种发展背景下，郑州市世界遗产在面对发展压力的同时，也面临着时代发展带来的良好机遇，这对城市建设和发展具有重要意义并发挥着促进作用。

一、登封"天地之中"历史建筑群世界文化遗产保护

（一）登封"天地之中"历史建筑群的情况与价值

登封的"天地之中"历史建筑群被列入《世界遗产名录》是在 2010 年 8 月 1 日，是中国的第三十九个世界遗产，也是郑州的第一个世界遗产。它包括周公天文台、嵩阳书院、登封星空天文台和其他杰出的历史建筑。

登封"天地之中"历史建筑群是古代建筑艺术、雕刻艺术、环境艺术的杰出代表。建筑群中不同的建筑类型均展现出极高的设计和建造水平。高超的砖石和木结构建造技术和材料处理技术更是体现了其突出的科学和艺术成就。

《保护世界文化和自然遗产公约》有六项标准可以评估世界遗产是否具有普遍价值，登封"天地之中"历史建筑群符合第三项与第六项标准。它不仅可以提供缺失的文明或文化传统的独特或特殊的见证，还与特殊的一般事件或现有的传统、思想或信仰、文学和艺术品存在着直接或实质关系。

由于登封优越的地理环境和人文环境，加上建筑群本身具有极高的历史价值和文化底蕴，"天地之中"理念和建筑群的价值得到了国内外专家和广大公众的普遍认同，除了上述几个遗产地游客数量居高不下外，儒家文化的代表——嵩阳书院和佛教文化的代表——会善寺、嵩岳寺塔等遗产地游客数量也出现显著增长，文化遗产保护与旅游开发有了更为密切的关系。

（二）登封"天地之中"历史建筑群存在的问题

近些年，登封市政府为了充分利用和展示世界文化遗产，推出了一些新的展示手法，如制作精良、画面唯美的《禅宗少林·音乐大典》是实景演出中的代表之作，而会期长、影响大、参与人数多的传统中岳庙庙会更是成为对外展现中岳庙价值的一个重要窗口。另外，登封市文物管理局已开始筹建观星台天文博物院，少林寺正在筹建少林寺博物馆等综合展示项目。但从总体来讲，各个遗产点的展示仅限于文物本体，展示水平均处于初级阶段，展示手段落后，展示内容对于文物价值挖掘深度不够，无法把文物建筑的全部文化、历史和艺术内涵充分传达出来。在旅游开发方面，各遗产点还存在以下五个问题。

（1）游客行为对文物本体及周边环境构成安全隐患。游客行为的危害大致可分为两类：第一，在旅游旺季，尤其在春节、五一、十一黄金周期间，游客人数较多，遗产点的游客瞬间停留人数大大超过自身的承载能力；第二，一些游客不文明的行为，例如在文物古迹上涂画、乱丢废弃物等，若没有及时得到制止，也会对文物本体构成直接的损伤和危害，并对周边历史风貌产生负面影响。

（2）不合理的旅游开发项目影响遗产地周边历史风貌。由于登封市区与登封"天地之中"历史建筑群的核心区和缓冲区紧邻，随着游客数量的不断增加，游客接待压力也在增加，一些旅游基础设施建设和房地产开发项目也开始进入筹备阶段。这些项目部分位于遗产的缓冲区或核心区内，建设内容与遗产保护要求相冲突，对遗产的周边历史风貌会产生负面影响。因此，对于有可能对登封"天地之中"历史建筑群文物本体和周边环境造成影响的建设项目，需要严格把关。

（3）解说内容及系统不完善，展示方式和手段不合理。由于大多数公众通过直观的参观并不能完全感到文化遗产所蕴含的历史和文化价值，因此解说系统成为遗产旅游中关键的组成部分。由于登封"天地之中"历史建筑群已开放遗产点隶属于不同景区，因此没有一个相对统一完整的解说内容。在现有的解说词中，也偏重于教育、传说等趣味性较强的内容，无法全面展示天地之中的文化内涵。

（4）游客分布不均衡，重要的文化资源未被充分认知。申遗成功为登封的旅游发展带来了新的契机。但由于少林寺、中岳庙名气过大，致使已开放的其他遗产点游客数量与这些热门景点相比差异悬殊。同样是登封"天地之中"历史建筑群的重要组成部分，观星台和周公测影台因其具有特别高的科学和历史价值，因此是"天地之中"宇宙观如何形成最直接和令人信服的证据，绝非少林寺可比。如此悬殊的差异说明游客的热情还多集中在"少林功夫""禅宗祖庭"等光环上，并未真正被遗产本身的价值和内涵所吸引，不利于"天地之中"历史建筑群整体形象和价值的展示与传承。

（5）管理部门职能交叉，协调困难。目前在中国，大部分遗产由地方政府进行直接管理。一方面，地方各级政府在世界遗产保护中发挥监督作用，另一方面，他们直接参与世界遗产的管理和利用，因此监督者和受益者的作用重叠了，导致一些遗产地的管理水平十分低下。而具体到登封"天地之中"历史建筑群上，郑州市世界文化遗产保护管理办公室与登封市世界文化遗产管理办公室之间负责的事务有交叉重复的部分。保护管理部门和体系看似健全，但由于涉及部门众多，日常工作也有很多难以协调的方面。文物部门、地方政府、景区管理机构之间存在意见分歧、思路差异、土地矛盾、经济分配不公等多种问题，导致管理水平达不到遗产保护的需求。

（三）登封"天地之中"历史建筑群的发展机遇

做好"天地之中"历史建筑群世界文化遗产保护和管理是作为缔约国遗产地对国际社会人类及其后代的承诺。世界文化遗产及其文化联系的保护与可持续发展，使广大民众及其后代能够亲眼见证历史遗迹和文物，亲身体验华夏的厚重历史文明，确保了其认识历史、认识自我、传承文明的权利，增强其自豪感、自信心，探索并延续、充实人类发展命脉，这正是世界文化遗产可持续发展的精髓所在。

登封"天地之中"历史建筑群已经存在2000余年，有八处十一项院落。从汉朝到1949年，在2010年8月1日该历史建筑群列入《世界遗产名录》，成为世界文化遗产后，其保护管理工作效果受到来自省内外乃至国外组织机构、专家学者、人民群众的广泛关注。遗产地也注重这项宝贵财产的保护与传承。因此，必须做好建筑群的保护，实现建筑群本体和其丰富文化联系的可持续发展，传承人们的历史文明。

郑州市打造都市区和华夏历史文明重要传承区的发展定位、发展目标、战略规划、发展举措都与登封"天地之中"历史建筑群的保护与发展和谐一致，为遗产保护提供时代机遇。如《国务院关于支持河南省加快建设中原经济区的指导意见》和中原经济区的郑州大都市建设概况等相关文件，制定了郑州的城市发展计划，并在一段时间内分析了城市发展战略，郑州的这些政策促进了世界文化遗产的保护，其一致性体现在以下三个方面。

（1）战略定位和发展目标的一致性。河南省对于华夏文明的传承有着重要的意义，国家对其非常看重。作为传承文化的创新区，要求能够提升国家的文化实力，发扬优秀的中原文化，增强民族的凝聚力，打造全新的文化发展区。为了更好地传承优秀的华夏文明，作为省会城市的郑州，需要进一步加强历史文明的承载力和辐射力。

（2）发展原则与遗产保护原则的一致性。城市发展坚持科学发展、务实高效的原则，注重整体规划。坚持科学发展的主题，加快经济发展方式的转变，深入贯彻落实"强调可持续发展，重视改进，注重协调，以人为本"的实践。以区域化面向未来，综合规划的理念促进郑州都市区的规划。统一规划的刚性和动态性，不仅在市区发展中发挥主要作用和总体规划作用，而且进一步提高规划的经济效益，同时也改善了社会和生态效益，这些与文化遗产保护的理念和原则不谋而合。

（3）发展措施与遗产保护措施的一致性。国务院明确要求我们应该以登封"天地之中"的历史建筑群为基础，建设一个珍贵的世界遗产保护研究基地。郑州都市区在传承及弘扬黄河、黄帝、嵩山、商都这四种优秀文化中起着重要的作用，因此在有独特文化支撑的前提下，还应该加强整个基层队伍的宣传建设，保护文化资源，发挥它的重要优势。由此可见，世界文化遗产保护措施与城市文化建设措施是相辅相成的。

（四）登封"天地之中"历史建筑群的作用

世界文化遗产的保护和利用，是中国历史文明重要传承地区建设的支撑点，同时为城市发展提供了有利条件。登封"天地之中"历史建筑群中的世界遗产，是郑州市的有利资源，是郑州市中华文明的重要遗产传承区。它在促进经济发展和社会发展的战略中不仅具有重大影响，还发挥了积极作用。

（1）世界遗产成为衡量文明传承的指标。"天地之中"历史建筑群的宝贵内涵和文化底蕴是华夏文明的重要组成部分；"天地之中"历史建筑群是华夏历史文明的重要实物见证，是文明的载体和重要传承内容。建筑群遗产的保护效果是华夏历史文明重要传承区建设成功与否的衡量指标之一。

（2）世界遗产是促进城市发展的抓手。以文化遗产作为抓手，能很好地推动城市的发展。要实现城市可持续发展的目标，离不开城市中世界文化遗产的可持续发展。郑州市的发展目标是把都市区建设成为中原经济的核心增长区。城市的建设需要充分利用各种优势，其中之一就是郑州市深厚的历史文化底蕴。在郑州市都市区建设纲要中就强调了文化积淀对于城市发展的重要作用，文化是建设郑州都市区的强大推动力量。郑州这么多年深厚的文化积淀，很大程度加深了它的凝聚力和创造力，也是强调城市个性，创造独特城市地区的独特资源。

（3）世界遗产为城市发展创造条件。"天地之中"历史建筑群成为世界文化遗产，为郑州都市区建设创造了有利条件。建筑群列入世界遗产名录后，给城市带来的最直接影响是使城市历史文化气息更加浓郁，环境更加和谐美观。随着建筑群和其见证了的"天地之中"理念走向世界，

郑州进一步明确的文化定位促进了旅游、教育、文化和其他相关产业的发展，使其形象更丰富，更受欢迎。

"天地之中"历史建筑群作为郑州市华夏历史文明重要传承区建设的最大支撑点和着力点，其可持续发展是城市发展的重要内容和主要目标之一，郑州都市区的健康、科学发展必然带来世界文化遗产的可持续发展。加强文化遗产保护管理，是贯彻落实指导意见的重要举措，有利于增强文化软实力，为建设中华文明的重要传承地区和建设郑州都市区提供源源不断的文化动力。

二、登封"天地之中"历史建筑群世界文化遗产管理实践

（一）登封"天地之中"历史建筑群的保护管理体系

登封的"天地之中"历史建筑群已成功申请世界文化遗产，为了更好地加强对它的保护和管理，郑州市成立了郑州市世界文化遗产保护管理办公室，隶属郑州市文物局。登封市政府也成立了登封市世界文化遗产管理委员会，全面构建了以登封市世界文化遗产管理委员会为统领，以遗产管理中心为核心，文物、宗教、旅游等各部门共同参与的遗产管理体制。登封市文物管理局挂牌成立登封市

世界文化遗产管理办公室，对八处十一项遗产的文物保护工作进行统一管理，并受郑州市文物局和郑州市世界文化遗产保护管理办公室的业务指导。

目前，登封"天地之中"历史建筑群除了汉三阙外，其余八处遗产点已作为旅游资源对外开放。少室阙新保护房刚刚落成，正在进行周边环境整治，暂未达到开放条件；太室阙、启母阙由于保护房过于窄小，无法承载大量游客参观的需求，暂不对外开放。开放的遗产点根据地理位置分布及旅游资源整合的需要又划分为少林景区、中岳景区、嵩阳景区。①

登封"天地之中"历史建筑群已开放遗产点的旅游经营模式为景区公司统一经营、多重部门综合管理，公司统一负责景区的宣传管理和开发，而文化遗产和自然资源的保护则由其他机构或相关业主单位负责。具体来讲，少林景区、中岳景区、嵩阳景区均由港中旅（登封）嵩山少林文化旅游有限公司（以下简称港中旅）代理经营景区总体旅游业务，其文物本体的管理运营则由遗产点的业主单位负责。

（二）登封"天地之中"历史建筑群的保护管理措施

（1）坚持保护第一的原则。联合国教科文组织世界遗产委员会对世界遗产的评定程序复杂、标准严苛，对已入选的世界遗产更有严格的保护和管理要求。一旦遗产的真实性、完整性或历史风貌遭到破坏，将会被予以警告甚至从《世界遗产名录》中除名。因此，这就要求人们在文化遗产旅游开发利用的过程中，必须始终遵循联合国教科文组织世界遗产委员会和国家文物局的相关要求，严守世界文化遗产完整性和真实性的标准，在坚持保护第一的原则和前提下，合理利用，加强管理，在使世界文化遗产得到全面展现的同时，还能够永续传承。

（2）理顺保护管理和开发体制，明确责任分工。切实加强世界文化遗产的保护管理和旅游开发水平，需要进一步理顺各个管理机构的关系，明确分工，提高工作效能，使得保护管理工作更加科学规范。郑州市世界文化遗产保护管理办公室可以主要负责郑州市世界文化遗产的申报组织、保护管理、人员培训和资料档案管理、科学研究、监测数据分析评估和反馈、社会宣传教育等工作。登封市世界文化遗产管理办公室应在郑州市世界文化遗产办公室的指导下，开展世界遗

---

① 宋文佳，别治明．历史建筑群的保护管理与旅游开发——以登封"天地之中"为例 [J]．郑州航空工业管理学院学报，2015，33（06）：112–116.

产日常监测管理，根据郑州市世界遗产监测中心反馈的评估意见对问题进行处置。同时，登封市文物管理局、嵩山风景名胜区管理委员会和目前掌握旅游开发大权的港中旅（登封）嵩山少林文化旅游有限公司应在登封市政府及登封世界遗产委员会的协调下，进一步理顺各自的职责，明确责任分工，按照国家文物局要求，共同做好登封"天地之中"历史建筑群的旅游管理、安全防范、环境保护等工作。

（3）整合资源，打造"天地之中"文化景观系列路线。鉴于遗产点游客分布极为不均的情况，为了更好地向游客展示那些知名度相对较低但历史和艺术价值却非常高的遗产地，建议打造"天地之中"文化景观系列路线，将登封"天地之中"历史建筑群11处遗产点串接起来，方便游客进行系统性的参观。此前《郑州市嵩山历史建筑群保护规划》曾建议利用登封已经确定的城市道路系统连成一条能够方便到达各个遗产点的道路，并定名为文化遗产景观大道。

（4）严格执行相关规划，合理利用，有序开发。近年完成编制并通过专家评审的《登封市旅游产业发展规划》和《登封世界历史文化旅游名城概念规划》中，已经将发展的经济模式明确下来，围绕"天地之中"历史建筑群去发展文化旅游业。此外，正在修编的《登封"天地之中"历史建筑群保护管理规划》对登封"天地之中"历史建筑群的整体价值和内涵进行了综合论证，并对世界文化遗产核心区和缓冲区的建设项目进行了严格的限制。可见登封市政府在文化产业、旅游开发和城市整体形象提升方面，对登封"天地之中"历史建筑群这张名片寄予了厚望，在对遗产地的保护方面也会加强监督管理和执法力度，确保遗产地周边的旅游开发建设按规划进行。

（5）扩充展示手段，延长旅游产业链。虽然作为文化遗产的旅游业应该真实完整地保留文化遗产，不应该开发过度，但是作为旅游资源就应该拥有一般旅游景区的基本配套设施，可以满足旅游者的多种需求，同时可以弥补遗产类旅游资源的薄弱环节，延长旅游产业链，进一步促进遗产地周边经济的发展，也可以进一步让遗产地周边居民看到遗产旅游所带来的经济辐射作用，增强周边居民的遗产保护意识。因此相关部门应该进一步增加展示手段，对解说词和展示系统进行完善，除了对文物本体的展示外，再下功夫开发相关产品及与《禅宗少林·音乐大典》类似的体验型音乐剧等。在登封"天地之中"历史建筑群各类规划允许的范围内，完善旅游基础配套设施，从而增强旅游者体验的舒适度，增加旅游收入。

总之，遗产旅游作为一种高品位、高层次的旅游资源，受到越来越多的旅游爱好者的推崇。登封"天地之中"历史建筑群作为举世闻名的世界级文化遗产地，拥有杰出的历史文化价值。从目前的旅游现状来看，"申遗"成功之前，游客多集中于少林寺、中岳庙等热门景点，"申遗"成功当期，各个遗产点都超出了自身的最大承载量，而后遗产点旅游人数除了少林寺外又逐渐回归理性，一方面说明保护管理部门在游客监测、旅游管理上起到了很大作用；另一方面也说明游客对"天地之中"等遗产核心价值的兴趣远远没有对"少林功夫"的兴趣大，遗产点的珍贵价值没有得到全面的展示，公众认知度不够。

在世界遗产旅游开发过程中，遗产本体或周边环境屡遭破坏的今天，登封"天地之中"历史建筑群应该是保护较为得力、控制相当严格的遗产地一员。但遗产的保护和旅游开发如何和谐共生、共同发展，还是一个非常严峻和要深入研究的议题，需要遗产地当地政府、广大民众和专家学者的共同努力。

参考文献

［1］姜敬红．中国世界遗产保护法［M］．成都：西南交通大学出版社，2015．

［2］彭跃辉．中国世界文化遗产保护管理研究［M］．北京：文物出版社，2015．

［3］朱蓉．澳门世界文化遗产保护管理研究［M］．北京：社会科学文献出版社，2015．

［4］段婷，林源．人·自然·文化关联——世界遗产文化景观的概念与类型解读［J］．建筑学报，2016，（3）：19－23．

［5］王毅．文化景观的类型特征与评估标准［J］．中国园林，2012，28（1）：98－101．

［6］刘贵富．中国高句丽世界文化遗产地旅游的可持续发展研究［J］．学术交流，2004，（10）：132－135．

［7］张国超，李静雨．我国世界文化遗产地可持续发展优化路径研究［J］．湖北民族学院学报（哲学社会科学版），2018，36（4）：100－107．

［8］王伟，刘方正，张德顺．中国世界自然遗产地生物多样性保护管理现状与研究方向［J］．中国园林，2019，35（9）：58－61．

［9］李如生．中国世界遗产保护的现状、问题与对策［J］．城市规划，2011，（5）：38－44．

［10］周慧娟．申报世界文化遗产档案构成与分类研究［J］．浙江档案，2018，（6）：66．

［11］陈华文．论中国非物质文化遗产的分级申报制度［J］．民俗研究，2010，95（3）：66－79．

［12］於贤德．对民间文学申报非物质文化遗产的几点思考［J］．暨南学报（哲学社会科学版），2009，31（2）：204－208．

［13］贺云翱，陈思妙．考古发掘与世界文化遗产申报——以明孝陵为例［J］．东南文化，2019，（1）：21－27.

［14］戚岩竹，沈家琪．韩国非物质文化申遗热的冷思考［J］．传承，2014（07）：144－145.

［15］闵庆文，赵贵根，焦雯珺．世界遗产监测评估进展及对农业文化遗产管理的启示［J］．世界农业，2015，（11）：97－100.

［16］方彦富．世界文化遗产管理的经验和教训［J］．福建论坛（人文社会科学版），2009，（8）：97－102.

［17］樊锦诗．基于世界文化遗产价值的世界文化遗产地的管理与监测——以敦煌莫高窟为例［J］．敦煌研究，2008，（6）：1－5.

［18］童登金．世界自然文化遗产保护管理的思考［J］．社会科学研究，2002，（3）：77－79.

［19］张国超，唐培．我国世界文化遗产管理体制改革研究［J］．东南文化，2016，（3）：6－12.

［20］西村幸夫，杜之岩．历史、文化遗产及其背后的系统——以世界文化遗产保护为中心［J］．东南文化，2018，（2）：119－123.

［21］黄雨，魏坚．元上都世界文化遗产保护与展示刍议［J］．内蒙古社会科学，2015，36（6）：49－53.

［22］李伟，俞孔坚．世界文化遗产保护的新动向——文化线路［J］．城市问题，2005，（4）：7－12.

［23］杨波，何露，闵庆文．基于国际经验的农业文化遗产监测和评估框架设计［J］．中国农业大学学报（社会科学版），2014，31（3）：127－132.

［24］张生瑞，钟林生，周睿，等．云南红河哈尼梯田世界遗产区生态旅游监测研究［J］．地理研究，2017，36（5）：887－898.

［25］刘海龙，杨锐．对构建中国自然文化遗产地整合保护网络的思考［J］．中国园林，2009，25（1）：24－28.

［26］杨小茹，华芳，黄文柳，等．杭州西湖后申遗时代的保护与管理［J］．中国园林，2011，（9）：39－42.

［27］孙克勤．中国的世界遗产保护与可持续发展研究［J］．中国地质大学学报（社会科学版），2008，8（3）：36－40.

［28］李模．南非世界文化遗产的保护和管理［J］．西亚非洲，2009，（1）：76－78．

［29］张国超，唐培．旅游影响视角下我国世界文化遗产地可持续发展评价研究［J］．湖北民族学院学报（哲学社会科学版），2017，35（5）：63－72．

［30］顾江，吴建军．世界文化遗产对我国旅游业的影响效应［J］．南京社会科学，2012，（7）：8－15．

［31］赵晓宁．利益博弈与"遗产"危机：我国世界文化遗产周边不当开发原因刍论［J］．西南民族大学学报（人文社科版），2007，28（12）：208－211．

［32］严国泰，马蕊，郑光强．哈尼梯田文化景观世界遗产保护的社区参与研究［J］．中国园林，2017，33（4）：103－107．

［33］苏明明，Geoffrey Wall．遗产旅游与社区参与——以北京慕田峪长城为例［J］．旅游学刊，2012，27（7）：19－27．

［34］范玉仙．世界文化遗产平遥古城的保护与旅游管理模式研究［D］．青岛：青岛大学，2004：10－41．

［35］宋文佳，别治明．历史建筑群的保护管理与旅游开发——以登封"天地之中"为例［J］．郑州航空工业管理学院学报，2015，33（06）：112－116．

［36］李婕．英国文化遗产保护对我国的借鉴与启示——基于财政的视角［J］．经济研究参考，2018，（67）：32－39．

［37］朱蓉，吴尧．爱丁堡老城和新城的保护管理经验［J］．工业建筑，2015，（5）：6－9．

［38］景一帆，石谦飞，李昉芳．平遥古城信仰建筑区域：记忆、活化和保护［J］．山西档案，2019，（4）：167－177．

［39］邵甬，胡力骏，赵洁，等．人居型世界遗产保护规划探索——以平遥古城为例［J］．城市规划学刊，2016，（5）：94－102．

［40］张义德，李淑兰，郑明伟．登封"天地之中"历史建筑群档案资料收集工作［J］．档案管理，2011，（4）：54－55．

［41］钱凤莲．当代国际法发展的文化之维［J］．湖南科技大学学报（社会科学版），2012，15（6）：71－74．